Trusts in Deutschland

Mike Wienbracke

Trusts in Deutschland

Zivilrecht - Steuerrecht

Prof. Dr. Mike Wienbracke
FH Gelsenkirchen,
Recklinghausen, Deutschland

ISBN 978-3-8349-3401-7   ISBN 978-3-8349-3836-7 (eBook)
DOI 10.1007/978-3-8349-3836-7

Die Deutsche Nationalbibliothek verzeichnet diese Publikation in der Deutschen National-
albibliografie; detaillierte bibliografische Daten sind im Internet über http://dnb.d-nb.de
abrufbar.

Springer Gabler
© Gabler Verlag | Springer Fachmedien Wiesbaden 2012

Lektorat: Andreas Funk, Anna Pietras

Gedruckt auf säurefreiem und chlorfrei gebleichtem Papier

Springer Gabler ist eine Marke von Springer DE.
Springer DE ist Teil der Fachverlagsgruppe Springer Science+Business Media
www.springer-gabler.de

Vorwort

Als Gestaltungsinstrument im Rahmen der internationalen Vermögensnachfolge diente „der" dem deutschen Zivilrecht unbekannte (testamentary) Trust über Jahrzehnte hinweg Erblassern aus dem anglo-amerikanischen Ausland als Vehikel, um die Entstehung der (beschränkten) deutschen Erbschaftsteuerpflicht hinauszuschieben, welche durch die im Inland ansässigen Trust-Begünstigten jeweils ausgelöst wurde.

Ein jähes Ende sollte dieser Karriere durch das StEntlG 1999/2000/2002 (BGBl. I 1999, S. 402; BStBl. I 1999, S. 304) bereitet werden, das mit dem Begriffsungetüm der „Vermögensmasse ausländischen Rechts, deren Zweck auf die Bindung von Vermögen gerichtet ist" (§§ 3 Abs. 2 Nr. 1 S. 2, 7 Abs. 1 Nr. 8 S. 2, Nr. 9 S. 2 ErbStG) Trusts ihre Attraktivität als Erbschaftsteuerstundungsmodell zu nehmen versucht.

Mit der praktischen Anwendung dieser und weiterer speziell im Hinblick auf Trusts in das ErbStG eingeführten Regelungen war jüngst das FG Baden-Württemberg in zwei Parallelverfahren befasst (Urteile vom 15.7.2010, 7 K 37/07, DStRE 2011, S. 1139 [n. rkr.], und 7 K 38/07, EFG 2011, S. 164) und wird demnächst ebenfalls der BFH (Az.: II R 45/10) mit den um diese Vorschriften rankenden Auslegungsproblemen konfrontiert.

Dies und eine nicht unerhebliche Anzahl von an den Verfasser gerichteten Anfragen, den Zugang zu dessen in der schweizerischen SteuerRevue (2007, S. 409-416 und S. 490-503) erschienenen Aufsatz zum Thema *„Die erbschaft- und schenkungsteuerliche Behandlung von trusts in Deutschland"* zu erleichtern, haben zur Herausgabe des vorliegenden Sammelbands geführt, in dem zur zivilrecht- und ertragsteuerlichen „Abrundung" des Themas „Trusts in Deutschland" zusätzlich zum vorgenannten Zeitschriftenbeitrag (s.u. 4) auch noch die vom Verfasser in ZEV 2007, S. 413-418 (*„A clash of cultures: Trusts und deutsches (internationales) Privatrecht – mit Bezug zum ErbStG –"*; s.u. 2) und RIW 2007, S. 201-206 (*„Die ertragsteuerliche Behandlung von trusts nach nationalem und nach DBA-Recht"*; s.u. 3) erstveröffentlichten Texte – ebenfalls inhaltlich unverändert – abgedruckt sind.

Abschließend sei an dieser Stelle noch auf dessen weitere Publikationen zum Thema „Trusts" hingewiesen: *English and Scots trusts under the German Inheritance and Gift Tax Act (ErbStG)*, NOMOS, Baden-Baden 2005; *Germany*, in: Lyons/Wheeler (eds.), The international guide to the taxation of trusts, IBFD, Amsterdam 2007-2009; *Trusts*, in: haufe steuer office, Themenlexikon; *Wiederbelebung von trusts für Zwecke der Erbschaftsteuer- und Schenkungsteuerplanung in Deutschland durch BFH-Rechtsprechung zu liechtensteinischen Stiftungen?*, StBp 2008, S. 153-159; *Der schottische Trust – (k)eine ‚Vermögensmasse ausländischen Rechts'?*, IWB 2005, Fach 5 Gruppe 2 S. 417-422; Rezension von Josef Wolff, *Trust, Fiducia und fiduziarische Treuhand* (zugl. Diss. Universität Salzburg), Peter Lang Verlag 2005, 387 Seiten, ERPL 2008, S. 365-369.

Das Werk ist Gina und Brian gewidmet.

Recklinghausen, im Oktober 2011

Inhaltsverzeichnis

1 Aktuelle Trust-Rechtsprechung

Der eingangs erwähnten Entscheidung des FG Baden-Württemberg[1], gegen die nunmehr die Revision beim BFH[2] anhängig ist, lag folgender Sachverhalt zugrunde:

1.1 Sachverhalt

Die am 1.8.1986 verstorbenen Erblasserin B war US-amerikanische Staatsbürgerin und zuletzt wohnhaft in Y im US-amerikanischen Bundesstaat Y. Durch Testament vom 31.1.1983 begründete B u.a. zugunsten ihrer Enkelin (Klägerin), einer 1977 geborenen deutschen Staatsbürgerin mit inländischem Wohnsitz in X, einen aus Geldvermögen bestehenden Trust nach US-amerikanischem Recht.

Bis zum 1.7.1997 erhielt die Klägerin aus diesem „Alt-Trust" bestimmungsgemäß Auskehrungen, die sich sowohl aus dessen laufenden Erträgen als auch aus Teilen von dessen Substanz speisten.

Am 1.7.1997 errichtete die Klägerin in Y einen weiteren Trust, wobei sie sich selbst zur alleinigen Begünstigten der Substanz und der Erträgen dieses sog. Grantor's Trust bestimmte. Hieraus soll die Klägerin bis zum Erreichen ihres 37. Lebensjahres monatlich einen bestimmten, nach ihrem jeweiligen Alter gestaffelten Betrag erhalten und ist der Trust entweder mit ihrem Tod, spätestens aber mit Erreichen ihres 37. Lebensjahres aufzulösen und das gesamte angesammelte Vermögen an die Klägerin auszuschütten. Stirbt die Klägerin, so wird über das Trustvermögen vorrangig nach ihrem Testament verfügt.

---

[1] FG BW, DStRE 2011, S. 1139.

[2] Az.: II R 45/10.

Nach Durchführung entsprechender Ausschüttungen reichte die Klägerin im April 2002 eine Selbstanzeige ein, woraufhin das Finanzamt bzgl. der Ausschüttungen des „Alt-Trust" an den Grantor's Trust gleich zweifach Schenkungsteuer festsetzte, nämlich zum einen als Erwerb der Klägerin vom „Alt-Trust" (§ 7 Abs. 1 Nr. 9 S. 2 ErbStG) und zum anderen als Zuwendung der Klägerin an den Grantor's Trust (§ 7 Abs. 1 Nr. 8 S. 2 ErbStG). Schließlich wurden drittens noch die Ausschüttungen des Grantor's Trust an die Klägerin der Schenkungsteuer unterworfen (§ 7 Abs. 1 Nr. 9 S. 2 ErbStG).

1.2 Entscheidung des FG Baden-Württemberg

Da es sich bei dem von der Klägerin errichteten Grantor's Trust – im Gegensatz zum „Alt-Trust" der B – nach Ansicht des FG Baden-Württemberg nicht um eine auf Vermögensbindung gerichtete Vermögensmasse ausländischen Rechts i.S.d. § 7 Abs. 1 Nr. 8 S. 2 und Nr. 9 S. 2 ErbStG handelt, gab es der Klage insoweit statt, als mit dieser die Aufhebung der beiden letztgenannten der insgesamt drei o.g. Steuerfestsetzungen begehrt wurde. Demgegenüber qualifizierte es die Auszahlungen aus dem von B errichteten „Alt-Trust" an den Grantor's Trust der Klägerin als nach § 7 Abs. 1 Nr. 9 S. 2 Hs. 2 ErbStG schenkungsteuerpflichtigen Erwerb bei dieser – und zwar „sowohl in Bezug auf die ausgeschüttete Vermögenssubstanz (principal) als auch in Bezug auf die ausgeschütteten Vermögenserträge (income)"[3] (zu den ertragsteuerlichen Konsequenzen vgl. u. 3).

---

[3] FG BW, DStRE 2011, S. 1139 (1140).

1.2.1 Anforderungen an eine „Vermögensmasse" i.S.v. §§ 3 Abs. 2 Nr. 1 S. 2, 7 Abs. 1 Nr. 8 S. 2, Nr. 9 S. 2 ErbStG

Der Erkenntnis folgend, dass „nicht überall dort, wo ‚trust' draufsteht, [...] auch eine ‚Vermögensmasse ausländischen Rechts, deren Zweck auf die Bindung von Vermögen gerichtet ist' drin" ist[4], hat das Gericht in Bezug auf die in den §§ 3 Abs. 2 Nr. 1 S. 2, 7 Abs. 1 Nr. 8 S. 2, Nr. 9 S. 2 ErbStG jeweils enthaltenen drei Tatbestandsmerkmale folgende Voraussetzungen aufgestellt:

■ Die Bejahung einer „**Vermögensmasse**" i.S.v. §§ 3 Abs. 2 Nr. 1 S. 2, 7 Abs. 1 Nr. 8 S. 2, Nr. 9 S. 2 ErbStG setzt eine „hinreichend verselbständigte Gesamtheit von Vermögensgegenständen"[5] voraus (s.u. 4.2.1);

■ Nach §§ 3 Abs. 2 Nr. 1 S. 2, 7 Abs. 1 Nr. 8 S. 2, Nr. 9 S. 2 ErbStG muss ein bestimmter **Vermögensbindungszweck** bestehen (s.u. 4.2.2)[6], der „jedenfalls dann anzunehmen [ist], wenn der Trusterrichter (settlor oder grantor) bei der Errichtung des Trusts bestimmt hat, dass die trustees das Vermögen im Interesse der Abkömmlinge oder anderer Familienangehöriger verwalten und auf diese im Rahmen einer sich über einen längeren Zeitraum erstreckenden Vermögensnachfolge übertragen sollen"[7];

■ Die Vermögensmasse ist dann eine solche „**ausländischen Rechts**" i.S.v. §§ 3 Abs. 2 Nr. 1 S. 2, 7 Abs. 1 Nr. 8 S. 2, Nr. 9 S. 2 ErbStG, wenn sie „nach dem deutschen Sachenrecht und Erbrecht nicht als Rechtsinstitut anerkannt ist"[8] (s u. 4.2.3).

---

[4] *Wienbracke*, StBp 2008, S. 153 (159).

[5] FG BW, DStRE 2011, S. 1139 (1140).

[6] FG BW, DStRE 2011, S. 1139 (1140 f.).

[7] FG BW, DStRE 2011, S. 1139 (1141).

[8] FG BW, DStRE 2011, S. 1139 (1141).

Während der von B errichtete „Alt-Trust" diese Anforderungen unstreitig erfüllt (zu dessen zivilrechtlicher Wirksamkeit vgl. u. 2.1.4), subsumierte das Gericht – in Überstimmung mit der hiesigen Auffassung (s.u. 4.2.1 und 4.3.3) – Grantor's Trust wie den von der Klägerin errichteten nicht unter § 7 Abs. 1 Nr. 8 S. 2, Nr. 9 S. 2 ErbStG. Vielmehr rechnete es mangels Steuerrechtssubjektqualität des Grantor's Trust das darin „angelegte" Vermögen für Zwecke des deutschen Erbschaft- und Schenkungsteuerrechts weiterhin der Klägerin als Grantor zu und sah konsequenter Weise sowohl die Einzahlungen in als auch die Auszahlungen aus diesem Trust als jeweils nicht steuerbare Vermögensumschichtungen im Rahmen eines zu den trustees (nicht: Trust, s.u. 2.1.1, 2.1.6 und 4.3.1) bestehenden Treuhandverhältnisses an.

Denn ein „Grantor's Trust, bei dem der Trusterrichter – wie im Streitfall – der einzige Begünstigte des Grantor's Trust ist und bei dem die Trustverwalter das gesamte Trustvermögen spätestens bei Vollendung des [...] 37. Lebensjahres und der dann erfolgenden Auflösung des Trusts an den Trusterrichter zurückzuerstatten haben und bei dem außerdem das Trustvermögen im Falle des (vorherigen) Todes des Trusterrichters in dessen Nachlass fällt, dient nur dem eigenen Interesse des grantor. Nach der gebotenen einschränkenden Auslegung des unbestimmt gefassten Gesetzesbegriffs fehlt es insoweit an der erforderlichen Bindung des Vermögens für einen regelmäßig fremdnützigen Zweck"[9].

Dafür, dass der Gesetzgeber mit den §§ 3 Abs. 2 Nr. 1 S. 2, 7 Abs. 1 Nr. 8 S. 2, Nr. 9 S. 2 ErbStG auch „solche Vorgänge der Erbschaft- und Schenkungsteuer unterwerfen wollte, die nach allgemeinen Maßstäben bloße Vermögensumschichtungen im Rahmen eines Treuhandverhältnisses darstellen und die nicht im Zusammenhang mit der Anordnung einer Vermögensnachfolge stehen", gebe es keine Anhaltspunkte[10] (vgl.u. 4.2.1). Vielmehr ergebe sich im Gegenteil aus dem zu einer liechtensteinischen Stiftung ergangenen BFH-Urteil vom 28.6.2007[11], dass namentlich „der Tatbe-

---

[9] FG BW, DStRE 2011, S. 1139 (1141).

[10] FG BW, DStRE 2011, S. 1139 (1141).

[11] BFH, BStBl II 2007, S. 669 m. Anm. *Wienbracke*, StBp 2008, S. 153.

stand des § 7 Abs. 1 Nr. 8 ErbStG voraussetzt, dass der Empfänger – die Stiftung – wie im Grundtatbestand des § 7 Abs. 1 Nr. 1 ErbStG über das auf sie übergegangene Vermögen im Verhältnis zum Stifter tatsächlich und rechtlich frei verfügen können muss"[12].

1.2.2 Verhältnis der §§ 3 Abs. 2 Nr. 1 S. 2, 7 Abs. 1 Nr. 8 S. 2, Nr. 9 S. 2 ErbStG zu den vor dem 4.3.1999 geltenden Rechtsprechungsgrundsätzen

(Nur) Im Ergebnis zuzustimmen ist dem Gericht bzgl. dessen Ausführungen zum steuerbaren Erwerb durch „Zwischenberechtigte" i.S.v. § 7 Abs. 1 Nr. 9 S. 2 ErbStG (erfasst werde insofern „alles, was die berechtigten Personen nach dem Ermessen der trustees oder aufgrund eigenen Rechtsanspruchs vor der Auflösung des Trusts aus dessen Vermögen oder Erträgen erhalten"[13]; s.u. 4.3.2) sowie zum Verhältnis der Neuregelung namentlich des § 7 Abs. 1 Nr. 9 S. 2 ErbStG zu der für Erwerbe bis zum 4.3.1999 geltenden Rechtslage (s.u. 4.3.1 a.E.).

In Bezug auf Letzteres geht das Gericht nach § 37 Abs. 1 ErbStG (i.d.F. von Art. 10 Nr. 8 lit. a) StEntlG 1999/2000/2002) davon aus, dass die Neuregelungen der Trustbesteuerung auf sämtliche nach dem 4.3.1999 stattfindenden Erwerbe Anwendung finden, für die die Steuer nach diesem Zeitpunkt entstanden ist oder entsteht – auch wenn der betreffende Trust bereits vor diesem Zeitpunkt bestand (sog. unechte Rückwirkung bzw. tatbestandliche Rückanknüpfung[14]).

---

[12] FG BW, DStRE 2011, S. 1139 (1141).

[13] FG BW, DStRE 2011, S. 1139 (1142).

[14] Dazu, dass diese verfassungsrechtlich „nicht grundsätzlich unzulässig" ist, siehe etwa BVerfG, NJW 2010, S. 3629 (3630) m.w.N.

Damit weist es die in Teilen des Schrifttums[15] vertretene und „nach dem Wortlaut mögliche andere Auslegung" zurück, wonach „der Erwerb eines gesicherten Rechts auf Auszahlung der Erträge auch künftig nur einmalig bei Erwerb des gesicherten Rechts zu versteuern ist"[16]. Eine derartige Sichtweise wäre nämlich „mit dem Ziel der Neuregelung, den Vermögensübergang bei Zwischenschaltung von Trusts künftig steuerlich stärker zu erfassen und Vollzugsdefizite zu beseitigen, weniger gut vereinbar. Denn bei Alt-Trusts könnten dann laufende Auszahlungen von Vermögenserträgen, denen ein gesichertes Recht zugrunde liegt, nach dem 4.3.1999 (auch dann) nicht besteuert werden, wenn [...] der Erwerb des gesicherten Rechts in der Vergangenheit nicht erklärt und entsprechend auch nicht besteuert wurde"[17]. Zudem habe der Gesetzgeber insoweit „einen Systemwechsel angeordnet und auch für bereits bestehende Trusts grundsätzlich jeden Erwerb eines Zwischenberechtigten als steuerbar erfasst, unabhängig davon, ob es sich bei den Ausschüttungen um Vermögenssubstanz oder um Vermögenserträge handelt sowie unabhängig davon, ob der Empfänger einen gesicherten Anspruch auf die Ausschüttung hatte oder nicht"[18].

Gleichwohl komme es aber auch hiernach nicht zu einer Doppelbesteuerung der Ausschüttungen von Vermögenserträgen aus einem Trust, selbst wenn nach altem Recht „der Erwerb eines gesicherten Rechtsanspruchs [fixed interest trust] auf Auszahlung der Vermögenserträge mit dem kapitalisierten Gesamtwert und – nach neuem Recht – außerdem die ausgeschütteten einzelnen Vermögenserträge [„einzelne ,income-Scheiben'"[19]] besteuert werden"[20]. Dies wäre deshalb „nicht rechtmäßig", weil wenn „der Gesetzgeber bei Erlass des StEntlG 1999/2000/2002 erkannt [hätte], dass in derartigen Fällen eine erbschaft- und schenkungsteuerliche Doppelbelastung droht, [...] es geboten gewesen [wäre], die alte und neue

---

[15] Nachweise bei FG BW, DStRE 2011, S. 1139 (1143).

[16] FG BW, DStRE 2011, S. 1139 (1143).

[17] FG BW, DStRE 2011, S. 1139 (1143).

[18] FG BW, DStRE 2011, S. 1139 (1143).

[19] FG BW, DStRE 2011, S. 1139 (1142).

[20] FG BW, DStRE 2011, S. 1139 (1143).

Rechtslage durch eine Übergangsregelung aufeinander abzustimmen"[21]. Mangels Vorliegens einer solchen geht das Gericht „daher davon aus, dass in solchen Fällen ein Anspruch auf Erlass einer Billigkeitsmaßnahme [§ 163 AO] bestehen dürfte. Es könnte insoweit sachgerecht sein, bei der Berechnung des Gesamtwerts des gesicherten Rechtsanspruchs gemäß § 12 Abs. 1 ErbStG i.V.m. §§ 13 bis 15 BewG nur die Zeit bis zum 4.3.1999 zu berücksichtigen"[22].

---

[21] FG BW, DStRE 2011, S. 1139 (1143).

[22] FG BW, DStRE 2011, S. 1139 (1143 f.).

2 Trusts im deutschen (internationalen) Privatrecht[1]

Die in Deutschland geführte Diskussion um die zutreffende Erfassung von Trusts rankt fast ausschließlich um solche des common law-Rechtskreises. Dass die insoweit erzielten Ergebnisse jedoch nicht unbesehen auch auf Trusts aus „mixed legal systems", wie z.B. Schottland, übertragen werden dürfen, folgt aus der abweichenden rechtlichen Konstruktion von Trusts in diesen Jurisdiktionen. Ausgehend von den am englischen Beispiel illustrierten common law-Trusts zeigt dieser Beitrag die dogmatischen Unterschiede zum schottischen Trust-Recht auf und präsentiert die sich hieraus ergebenden Konsequenzen für das deutsche (internationale) Privatrecht, welche über das jeweilige ausländische Trust-Recht mittelbar auch im Rahmen des deutschen Erbschaftsteuer- und Schenkungsteuerrechts Bedeutung erlangen.

2.1 Common law-Trusts

Wie nicht zuletzt die im Bereich des Steuerrechts auftretenden Probleme[2] belegen, bereitet es dem deutschen Recht nach wie vor[3] erhebliche Schwierigkeiten, den von Maitland als „greatest and most distinctive achievement

---

[1] Nachdruck des vom Verfasser unter dem Titel „A clash of cultures: Trusts und deutsches (internationales) Privatrecht – mit Bezug zum ErbStG –" in ZEV 2007, S. 413-418 erstveröffentlichten Aufsatzes. Lediglich die Formatierung wurde geändert.

[2] Hierzu jüngst *Wienbracke*, SteuerRevue 2007, 409 u. 490; *ders.*, RIW 2007, 201; *ders.*, in: Lyons/Wheeler (Hrsg.), The International Guide to the Taxation of Trusts, IBFD 2007, Germany (im Erscheinen), jeweils m.w.N.

[3] Vgl. schon die Gutachten von *Haemmerle* und *Friedmann* zum 36. DJT 1931.

performed by Englishmen in the field of jurisprudence"[4] bezeichneten common law-Trust[5] in all' seiner Komplexität zu erfassen. Das wohl stellvertretend für unsere Rechtsordnung zu verstehende Eingeständnis von *Otto von Gierke* („I cannot understand your trust"[6]) wurzelt darin, dass der Trust in seiner anglo-amerikanischen Ausgestaltung als ein für diesen Rechtskreis geradezu „stilprägendes Institut"[7] auf der Trennung von common law und equity beruht. Während der „trustee" der „legal owner" des in einem solchen Trust gehaltenen Gegenstands ist, handelt es sich beim „beneficiary" um dessen „equitable owner"[8]. Das Eigentum an dem in einem Trust nach common law gehaltenen Gegenstand ist folglich zwischen trustee und beneficiary aufgespalten („split ownership") bzw. – je nach Betrachtungsweise – verdoppelt („duality of ownership")[9].

Abhängig davon, welche Umschreibung des Trust – eine letztverbindliche Definition[10] existiert nicht – jeweils den Vorzug erhält, wird mitunter[11] zwar betont, dass der beneficiary eines common law-Trust nicht über ein „Eigentumsrecht", sondern lediglich über „Befugnisse in equity" verfügt. Doch selbst wenn aufgrund der unterschiedlichen Eigentumskonzeption im anglo-amerikanischen Rechtskreis einerseits und in den kontinentaleuropäischen

---

[4] *Hazeltine/Lapsley/Winfield* (Hrsg.), Maitland, Selected Essays, 1936, S. 129.

[5] Zum Begriff „common law" s. Fn. 7.

[6] Vgl. *Maitland*, Equity, 1909, S. 23.

[7] *Zweigert/Kötz*, Einf. in die Rechtsvergleichung, Bd. II, 1971, S. 328; dort (S. 236) auch zur doppelten Bedeutung des Begriffs „common law".

[8] *Pettit*, Equity and the Law of Trusts, 9. Aufl. 2001, S. 25.

[9] Vgl. aber *Daragan*, ZEV 2007, 204, 207: „Entgegen einer in Deutschland verbreiteten Meinung gibt es gespaltenes Eigentum nicht bei allen, sondern nur bei einigen Trusts".

[10] Gerichtliche Anerkennung haben die Ausführungen von *Underhill* (*ders./Hayton*, Law Relating to Trusts and Trustees, 16. Aufl. 2003, S. 3) erfahren; vgl. auch Tz. 15 der OECD-Musterkommentierung zu Art. 1 ErbSt-MA.

[11] Vgl. *Schnitzer*, in: Goop (Hrsg.), GS Marxer, 1963, S. 53, 62 ff. m. w. N.

Staaten andererseits hinsichtlich der nicht nur von deutschen[12] Juristen verwendeten Kurzformel „Eigentumsspaltung" Vorsicht geboten ist[13], so wird mit ihr gleichwohl der Sache nach zutreffend zum Ausdruck gebracht, dass parallel zum trustee auch der beneficiary über zumindest als „eigentumsähnlich" („quasidinglich") zu charakterisierende Rechte am Trust-Gut verfügt.

2.1.1　Unvereinbarkeit mit deutschem Recht

Mag ein derart konstruierter Trust in seinem mehrere Jahrhunderte zurückreichenden Ursprung als „use" mehr oder minder stark ausgeprägte Bezüge zum Salmann des germanischen Rechts sowie gewisse Ähnlichkeiten mit dem altdeutschen Ober- und Untereigentum aufgewiesen haben[14], so ist er de lege lata doch „incompatible avec les bases fondamentales du droit réel allemand et avec les besoin de protection de tiers"[15]. Diese dogmatische Unvereinbarkeit des common law-Trust mit dem auf Drittschutz bedachten deutschen (Sachen-)Recht liegt darin begründet, dass Letzterem bereits die Trennung der Rechtsquellen common law und equity als solche – und folglich auch der dadurch hervorgerufene Eigentumsdualismus (bzw. die Eigentumsspaltung) sowie der hierauf letztlich basierende common law-Trust als einem „Kind der equity"[16] – fremd ist[17]. Abgesichert durch § 137 BGB kennt das vom Trennungs- und Abstraktionsprinzip beherrschte deut-

---

[12] Für viele *Coing*, in: Kübler/Mertens/Werner (Hrsg.), FS Heinsius, 1991, S. 79; *Ferid/Firsching/Dörner/Hausmann* (Hrsg.), Internat. ErbR, Großbritannien, Grdz. F.X Rz. 217; aus der anglo-amerikan. Lit. vgl. etwa *Waters*, Recueil des Cours, 1995, S. 123, 342 f.

[13] *Dyer/van Loon*, Report, Tz. 16.

[14] *Helmholtz/Zimmermann*, in: dies. (Hrsg.), Itinera Fiduciae, 1998, S. 33 mit Zitat *Holmes; Bogert*, Trusts, 6. Aufl. 1987, S. 6.

[15] So die deutsche Stellungnahme zur Haager „Convention on the Law Applicable to Trusts and on their Recognition" v. 1.7.1985 in: Actes et documents de la Quinzième session, vol. II, 1985, S. 206.

[16] *Nußbaum*, AcP 151 (1950), 193, 196.

[17] Vgl. BGH v. 13.6.1984, IVa ZR 196/82, IPRax 1985, 221, 223 f. = NJW 1984, 2762.

sche Zivilrecht nämlich nur einen abschließenden Kanon von vom gleichsam absoluten wie ungeteilten Eigentum als umfassendestem Herrschaftsrecht (vgl. § 903 BGB) abspaltbaren beschränkten dinglichen Rechten (numerus clausus) mit jeweils gesetzlich vorgegebenem Inhalt (Typenzwang)[18].

Gilt Entsprechendes (Typenzwang) für das deutsche Erbrecht, welches den (testamentary) Trust ebenfalls nicht kennt[19], und stellt sich die Rechtslage (Unvereinbarkeit) im Hinblick auf deutschem Recht unterliegende Forderungen auch nicht anders dar[20], so kommt es insbesondere im Zusammenhang mit der Eintragung in öffentliche Bücher und Register bzw. der Ausstellung entsprechender Urkunden zum Lackmustest hinsichtlich der rechtlichen Behandlung von common law-Trusts in Deutschland, deren common law- und equity-Bestandteile sich insbesondere nicht einfach mit den dem deutschen Juristen geläufigen Kategorien von Schuld- und Sachenrecht „übersetzen" lassen: Im Grundbuch wird der trustee als Grundstückseigentümer eingetragen (ohne weiteren Zusatz „als Treuhänder" oder gar „als trustee nach ... Recht")[21], wohingegen im Falle eines „testamentary trust" der beneficiary im Erbschein (§ 2353 BGB) als Erbe, der – nicht mit dem „personal representative" („administrator" bzw. „executor") zu verwechselnde – trustee im entsprechenden Zeugnis (§ 2368 BGB) regelmäßig aber nur als (Dauer-)Testamentsvollstrecker Erwähnung findet[22]. Im Prozess ist der trustee aktiv und passiv legitimiert[23].

---

[18] Vgl. nur BVerfG v. 10.5.1977, 1 BvR 514/68 u. 323/69, NJW 1977, 2349, 2354; *Bassenge*, in: Palandt, BGB, 66. Aufl. 2007, Einl. vor § 854 Rz. 3.

[19] OLG Frankfurt v. 29.12.1962, 6 W 481/60, IPRspr. 1962-63, 425, 428.

[20] BGH v. 13.6.1984 (Fn. 17), IPRax 1985, 223.

[21] *Kötz*, RabelsZ 50 (1986), 562, 582 f., m.w.N.; ebenso im engl. Recht, vgl. *Thomas/Hudson*, The Law of Trusts, 2004, Rz. 1.10. Auch dem deutschen Handelsregister sind common law-Trusts fremd, vgl. *Klein*, Rpfleger 2003, 626, 631.

[22] *Dörner*, in: Staudinger, BGB, Art. 25, 26 EGBGB, Neubearb. 2000, Art. 25 Rz. 854 m.w.N.; vgl. auch *Riering*, MittBayNot 1999, 519, 524.

[23] BFH v. 20.12.1957, III 250/56 U, BStBl III 1958, 79, 81.

Wie im Schrifttum[24] bereits ausführlich dargetan, vermag der common law-Trust folglich nicht mittels des vom deutschen Recht zur Verfügung gestellten Instrumentariums vollständig in allen seinen Facetten nachgebildet zu werden. Namentlich treffen sowohl der „insolvency/bankruptcy effect" (§ 771 ZPO und § 47 InsO erfassen zwar auch „wirtschaftliches Eigentum", jedoch begrenzt durch das Unmittelbarkeitsprinzip[25]) als auch das „tracing" (dingliche Surrogation ist nur punktuell, etwa in §§ 2041, 2111 BGB, anerkannt) und das „following" des „trust property" nach einem „breach of trust" (vgl. allenfalls §§ 138, 823 Abs. 2 BGB, 263 StGB) bzw. die Rechte des beneficiary in Fällen des „mixing" im deutschen Recht lediglich partiell (nur persönliches, nicht dingliches Recht) auf Entsprechungen[26]. Selbst die fremdnützige (Verwaltungs-)Treuhand bzw. die Kombination von Vor-/Nacherbschaft (§§ 2100 ff. BGB) mit gleichzeitiger Anordnung einer (Dauer-)Testamentsvollstreckung (§§ 2197 ff. BGB) vermögen nur bis zu einem gewissen Grad die von „inter vivos" und testamentary trusts wahrgenommenen Funktionen zu erfüllen, sind mit diesen jedoch nicht identisch. Das deutsche Recht ist eben nicht „vertrouwd met de trust"[27], eine „full transposition of trusts by analogues" mithin „impossible"[28]. Die Vereinbarkeit von common

---

[24] *Jülicher*, IStR 1996, 575, 578; *Pluskat*, Der Trust im Recht von Québec und die Treuhand, 2001, S. 317 ff.; *Klein*, ZVglRWiss 101 (2002), 175; *Mutter*, AG 2006, 637, 639 ff.

[25] BGH v. 1.7.1993, IX ZR 251/92, NJW 1993, 2622 m.w.N.; *Baumbach/Lauterbach/Albers/Hartmann*, ZPO, 65. Aufl. 2007, § 771 Rz. 22; str.

[26] Grundl. *Kötz*, Trust und Treuhand, 1963, S. 127 ff.; *ders.*, in: Hayton/Kortmann/Verhagen (Hrsg.), Principles of European Trust Law, Vol. I, 1999, S. 85, 89 ff. Auch über eine entsprechende Vormerkungs- bzw. Bedingungskonstruktion lassen sich Trusts im deutschen Recht nicht vollständig „nachbauen", vgl. *Heymann*, in: FS Brunner, 1910, S. 473, 510 ff. und *Roth*, Der Trust, 1928, S. 291 f. m. w. N.; zu § 134 InsO vgl. *Jülicher*, PISTB 1999, 37, 39.

[27] So der Titel des von *Hayton/Kortmann/Nuytinck/Struycken/Faber* im Jahr 1996 herausgegebenen Werkes.

[28] *Hayton*, The Law of Trusts, 4. Aufl. 2004, S. 13.

law-Trusts mit dem deutschen ordre public (Art. 6 EGBGB) wird hierdurch freilich nicht in Frage gestellt[29].

2.1.2   Deutsches internationales Privatrecht

War und ist die Bundesrepublik Deutschland aus den o. g. Erwägungen heraus nicht gewillt, sich den „cuckoo"[30] namens Trust – auch nicht wie neuerdings ebenfalls die Schweiz über die Haager „Convention on the Law Applicable to Trusts and on their Recognition" vom 1. 7. 1985[31] – ins eigene Nest zu legen[32], so klafft entsprechend der oben skizzierten Lage im materiellen Recht auch auf kollisionsrechtlicher Ebene im deutschen IPR bzgl. common law-Trusts eine Lücke[33]. Worauf im weniger dogmatisch denn eher pragmatisch orientierten englischen Recht lediglich am Rande eingegangen und was dort nicht selten mit dem Hinweis auf den hybriden sui generis-Charakter des Rechts des beneficiary zwischen einem „right in rem" und

---

[29] Vgl. BFH v. 20.12.1957 (Fn. 23), BStBl III 1958, 81 f.; *Gottheiner*, RabelsZ 21 (1956), 36, 56 f.; *Sieker*, Der US-Trust, 1991, S. 95 f.; *Ebenroth*, ErbR, 1992, Rz. 1302; *Flick/Piltz* (Hrsg.), Der internat. Erbfall, 1999, Rz. 1088; *Eisele*, INF 1999, 324, 326; *Jülicher*, ZEV 1999, 466, 471; *Siehr*, Internat. PrivatR, 2001, S. 274 f.; *Hohloch*, in: Erman, BGB, Bd. II, 11. Aufl. 2004, Art. 6 Rz. 58 m. w. N.; s. aber *Heymann* (Fn. 25), S. 489, 509; *Serick*, in: Dietz/Hübner (Hrsg.), FS Nipperdey, Bd. II, 1965, S. 653, 666; *Graue*, in: Heldrich/Henrich/Sonnenberger (Hrsg.), FS Ferid, 1978, S. 151, 174 f.; *von Oertzen*, in: Grotherr (Hrsg.), Hdb. der internat. Steuerplanung, 2. Aufl. 2003, S. 1505, 1517.

[30] *Hayton* (Fn. 27), S. 14.

[31] Deren Text und Status sind abrufbar unter:
http://www.hcch.net/index_en.php?act=conventions.status& cid=59.

[32] Auch beim deutschen Real Estate Investment Trust (G-REIT) handelt es sich nur dem Namen, nicht aber der Sache nach um einen Trust im o.g. Sinn; vielmehr ist Vehikel des G-REIT eine „normale" AG, § 1 Abs. 1 REITG; vgl. freilich Art. 5 Nr. 6, Art. 23 Abs. 4, 5 und Art. 60 Abs. 3 EuGVO sowie Kommission der Europäischen Gemeinschaften, KOM(2005) 65 endgültig, Grünb. Erb- und TestamentsR, Fragen 11, 24, 31 u. 32 (z.T. abgedr. in ZEV 2005, 138) bzgl. testamentary trusts.

[33] *Kegel/Schurig*, Internat. PrivatR, 9. Aufl. 2004, S. 331 f.

einem „right in personam" „beantwortet" wird[34], erlangt im Rahmen des deutschen IPR damit höchste Relevanz: die Frage nach der Rechtsnatur des „beneficial interest".

Hinsichtlich der Lösung des damit aufgeworfenen Qualifikationsproblems besteht im Ausgangspunkt Einigkeit darüber, dass diese nicht einheitlich für alle Erscheinungsformen[35] des Trust ausfallen kann, sondern dessen Variantenreichtum nur durch eine von der vom jeweiligen Trust erfüllten Funktion abhängigen Anknüpfung adäquat Rechnung getragen wird[36]. Hat insoweit die Differenzierung zwischen testamentary trusts und inter vivos trusts einerseits sowie zwischen der „Errichtung" eines Trust und der (dinglich[37] qualifizierten) „Einbringung" eines Gegenstands in einen solchen andererseits allgemein Verbreitung gefunden[38], so ist im Gegensatz zum regelmäßig einheitlich[39] erbrechtlich[40] (Art. 25 Abs. 1, ggf. i.V.m. Art. 5 Abs. 1 Satz 2 EGBGB; über Art. 3 Abs. 3 EGBGB kann es zu einer Nachlassspaltung kommen) eingeordneten testamentary trust die kollisionsrechtliche Behandlung der Errichtung von inter vivos trusts weiterhin umstritten. Auf die „Kernfrage (...), ob den dinglichen Elementen ein solches Gewicht zukommt, dass man von einer sachenrechtlichen Institution sprechen kann"[41],

---

[34] Zur dortigen Diskussion s. *Halsbury`s* Laws of England, Vol. 48, 4. Aufl. 2000, Tz. 501.

[35] Zu diesen *Wienbracke*, English and Scots trusts under the German Inheritance and Gift Tax Act (ErbStG), 2005, S. 23 ff. m.w.N.

[36] *Stoll*, in: Staudinger, BGB, Internat. SachenR, 13. Bearb. 1996, Rz. 172; *Kropholler*, Europ. ZivilprozessR, 8. Aufl. 2005, Art. 61 Rz. 7.

[37] *Von Oertzen*, IStR 1995, 149, 151; *Siemers/Müller*, ZEV 1998, 206, 208.

[38] Vgl. nur *Flick/Piltz* (Fn. 28), Rz. 1084 ff.; *Schindhelm/Stein*, in: Groll (Hrsg.), Praxis-Hdb. Erbrechtsberatung, 2. Aufl. 2005, B.XII Rz. 141 ff.

[39] So BayObLG v. 18.3.2003, 1Z BR 71/02, ZEV 2003, 503, 504 m.w.N.; a.A. *Süß*, in: DNotI (Hrsg.), Zehn Jahre Dtsch. Notarinstitut, 2003, S. 387, 399; *ders.*, in: ders./Haas (Hrsg.), ErbR in Europa, 2004, § 2 Rz. 96.

[40] LG München I v. 6.5.1999, 6 HKO 10773/97, IPrax 2001, 461 m. Anm. *Schurig*, S. 446; *Schurig*, in: Soergel, BGB, Bd. 10, 12. Aufl. 1996, Art. 25 Rz. 43; *Dörner* (Fn. 22), Rz. 410.

[41] *Junker*, Internat. PrivatR, 1998, Rz. 476.

finden sich neben einer dies entgegen nunmehriger EuGH-Rechtsprechung[42] bejahenden Antwort[43] vor allem[44] solche Stimmen, die von einer gesellschaftsrechtlichen[45] oder – ungeachtet von Art. 1 Abs. 2 lit. g des Römischen Schuldvertragsübereinkommens vom 19.6.1980 – schuldrechtlichen[46] Natur (Art. 27 ff. EGBGB) des Trust ausgehen.

2.1.3   Umdeutung

Sofern hiernach auf – insoweit „falsches"[47] – deutsches Recht verwiesen wird, erweist sich die gleichwohl versuchte Errichtung eines testamentary trust mithin als unwirksam. Bleiben gemäß § 2085 BGB und entgegen § 139 BGB etwaige sonstige im selben Testament getroffene Verfügungen von Todes wegen von dieser partiellen Unwirksamkeit unberührt, so hat diese nach dem aus § 2084 BGB folgenden Grundsatz der wohlwollenden Auslegung nicht den Eintritt der gesetzlichen Intestaterbfolge zur Konsequenz, sondern ist die unwirksame Anordnung eines testamentary trust vielmehr gemäß dem wirklichen Erblasserwillen (§ 133 BGB) in ein vergleichbares Institut des deutschen Erbrechts (insbes. die o. g. Kombination von Vor-/

---

[42] EuGH v. 17.5.1994, Rs. C-294/92, Slg. 1994 I-1717 (*Webb v. Webb*); krit. *Kaye*, IPRax 1995, 286.

[43] *Graue* (Fn. 29), S. 162.

[44] Vereinzelt geblieben sind die Ansichten von *Fischer-Dieskau*, Die kollisionsrechtl. Behandlung von living und testamentary trusts, Diss. Bonn 1967, S. 94 ff. (stiftungsrechtl. Qualifikation) und *Czermak*, Der express trust im internat. PrivatR, 1986, S. 182 ff. (Differenzierung zwischen der Anknüpfung eines inter vivos trust vor und nach dem Erbfall); zu Letzterem *Fuhrmann*, Modelle lebzeitiger Unternehmensübertragung, 1990, S. 173 ff.

[45] *Stoll* (Fn. 36), Rz. 176; *Großfeld*, in: Staudinger, BGB, Internat. GesellschaftsR, 1998, Rz. 779.

[46] BGH v. 15.4.1959, V ZR 5/58, NJW 1959, 1317, 1318; v. 10.6.1968, III ZR 15/66, WM 1968, 1170, 1172; *von Bar*, Internat. PrivatR, 2. Bd., 1991, Rz. 500; *Martiny*, in: Reithmann/Martiny (Hrsg.), Internat. VertragsR, 6. Aufl. 2004, Rz. 195.

[47] Vgl. BayObLG v. 18.3.2003 (Fn. 39), ZEV 2003, 508; *Sonnenberger*, in: MüKo-BGB, Bd. 10, 4. Aufl. 2006, Einl. IPR Rz. 623 m. w. N.

Nacherbfolge mit Dauertestamentsvollstreckung) umzudeuten[48]. Gilt über
§ 140 BGB Entsprechendes im Hinblick auf inter vivos trusts – als Umdeu-
tungsresultat kommt insofern insbesondere die uneigennützige Verwaltungstreuhand[49] in Betracht –, so gehen im Zuge einer jeden Umdeutung
des common law-Trust in welches funktionsverwandte Institut des diesen
nur in begrenztem Umfang nachempfindenden deutschen Rechts auch
immer einige von dessen Charakteristika stets unweigerlich verloren.

Im Fall einer „qualitativen Normendiskrepanz" zwischen Erb- und Sachstatut[50], die sich z.B. dann ergibt, wenn unter Ersterem ein Trust-Recht an
einer Sache begründet werden soll, das mit der materiellen lex rei sitae
aufgrund eines diese beherrschenden numerus clausus dinglicher Rechte
unvereinbar ist, wird auch im deutschen IPR[51] die Entscheidung „In re
Duke of Wellington"[52] bemüht, wonach sich die lex rei sitae als stärkeres
Recht durchsetze. Gewisse Abweichungen vom (englischen) Erbstatut seien
in Kauf zu nehmen und dem Erben sei im Wege der sich von der obigen
Umdeutung kaum unterscheidenden Anpassung (Angleichung)[53] eine
dem unbekannten Trust-Recht ähnliche Position einzuräumen, damit
dieser nicht leer ausgehe. Allein das Sachstatut entscheide darüber, ob
unter seinem „Begriffshimmel" nur ein geschlossener Kanon (numerus

---

[48] Jüngst OLG München v. 26.7.2006, 32 Wx 88/06, ZEV 2006, 456, 456 m. Anm. *Wer-
ner*; zurückhaltend bzgl. des „Ob" einer Umdeutung u.a. *Sieker* (Fn. 29), S. 91, 96;
gänzlich dagegen *Walter*, RIW 1975, 205, 207.

[49] Vgl. BGH v. 13.6.1984 (Fn. 17), IPRax 1985, 224, und *Coing*, Die Treuhand kraft
privaten Rechtsgeschäfts, 1973, S. 213.

[50] Zu den Rechtsfolgen „im Spannungsfeld von Trust- und Sachenstatut": *Dörner*, in:
Richter/Wachter (Hrsg.), Hdb. des internat. StiftungsR, 2007, § 11 Rz. 42 ff.; zum
Konflikt zwischen amerikan. Trust-Recht und dt. Gesellschaftsrecht LG München I
(Fn. 40), S. 461.

[51] LG München I (Fn. 40), S. 461; *Neuhaus*, Die Grundbegriffe des internat. PrivatR,
1962, S. 251; *Kropholler*, Internat. PrivatR, 5. Aufl. 2004, S. 235, 238; vgl. *Dölle*, Internat. PrivatR, 1968, S. 104.

[52] [1947] 1 Ch. 506, z.T. abgedr. in RabelsZ 15 (1949/50), 149 m. Anm. *Neuhaus*.

[53] *Firsching/Heusler*, in: Ferid/Firsching/Dörner/Hausmann (Hrsg.), Internat. ErbR,
USA, Grdz. C.III.B.2.b; *Kötz*, RabelsZ 50 (1986), 562, 574.

clausus) möglicher dinglicher Berechtigungen existiere und wie sich dieser zusammensetze (Typenzwang)[54].

2.1.4   Beispiele

Beispiel 1[55]: Die amerikanische Staatsangehörige S lebt in den USA (Staat New York) und errichtet auf ihren Namen bei der Bank B in New York ein Sparkonto mit dem Vermerk „S in Trust for C and D". C und D sind in Berlin wohnhafte Deutsche. – Rechtsfolge: Wirksame Trust-Errichtung.

Abwandlung[56]: S ist deutsche Staatsangehörige mit ständigem Wohnsitz in Berlin. – Rechtsfolge: Wie Bsp. 1.

Beispiel 2[57]: Settlor S errichtet über sein in London befindliches Ölgemälde einen Trust. Als beneficiary benennt er B, zum trustee bestellt er T. S, B und T sind englische Staatsangehörige mit Wohnsitz in London. Unter Verstoß gegen seine „fiduciary duties" veräußert T das Gemälde an den bösgläubigen Dritten D, der es nach Deutschland verbringt. – Rechtsfolge: Wirksame Trust-Errichtung; gleichwohl entfaltet das Verfolgungsrecht des B am Ölgemälde gegenüber D in Deutschland keine Wirkung. B stehen gegenüber D lediglich die Rechte nach § 771 ZPO bzw. § 47 InsO zu. Auf weitergehende Befugnisse kann er sich nur bei Vorliegen der Voraussetzungen der §§ 138, 823 Abs. 2 BGB, 263 StGB berufen.

---

[54] *Hohloch* (Fn. 29), Art. 43 Rz. 10 ff.; *von Hoffmann/Thorn*, Internat. PrivatR, 8. Aufl. 2005, § 12 Rz. 15; *Heldrich*, in: Palandt, BGB, 66. Aufl. 2007, Art. 43 EGBGB Rz. 3; *Wendehorst*, in: MüKo-BGB, Bd. 10, 4. Aufl. 2006, Art. 43 Rz. 77, 93; vgl. ferner *von Caemmerer*, in: ders./Kaiser/Kegel/MüllerFreienfels/Wolff (Hrsg.), FS Zepos, II. Bd., 1973, S. 25, 34 und *Lüderitz*, Internat. PrivatR, 2. Aufl. 1992, Rz. 326: Gelangten Gegenstände, die im Trust-freundlichen Ausland bereits in trust gehalten wurden, im Anschluss an ihre Verbringung nach Deutschland, wo sie im Wege der Anpassung in ähnlichen Rechtsfiguren fortbestünden, wieder in das Ursprungsland zurück, so lebten die alten Rechtsverhältnisse am Trust-Gut trotz ihrer zwischenzeitlichen Negierung durch die lex rei sitae wieder voll auf.

[55] Nach BGH v. 15.4.1959 (Fn. 46).

[56] Nach BGH v. 10.6.1968 (Fn. 46).

[57] Nach *Wendehorst* (Fn. 54), Rz. 54.

Beispiel 3: Die kanadische Gesellschaft K mit Sitz in Toronto (Provinz Ontario) errichtet zugunsten ihrer Gläubiger einen Trust mit T als trustee.

Abwandlung 1[58]: Das trust property soll aus einer Forderung bestehen, auf die deutsches Recht anzuwenden ist. – Rechtsfolge: Unwirksame Trust-Errichtung; sofern der zu errichten versuchte Trust in eine Treuhandvereinbarung nach deutschem Recht umgedeutet werden kann (Tatfrage), wäre T Alleininhaber der Forderung, über die er wirksam verfügen könnte.

Abwandlung 2[59]: Das im (irrevocable) Trust zu haltende Vermögen soll aus Anteilen der K an der deutschen M-AG bestehen; die Aktien befinden sich in einem Depot in Deutschland. – Rechtsfolge: Wie Abwandlung 1; als Inhaber der Aktien an der M-AG ist T stimmberechtigt.

Beispiel 4[60]: E1 und E2 sind amerikanische Staatsangehörige mit jeweils letztem Wohnsitz in den USA (St. Louis, Missouri). Zum Vermögen des in 02 verstorbenen E2 gehört ein 2/8-Anteil am Nachlass des in 01 verstorbenen E1. Dieser Anteil wiederum besteht z. T. aus im LG-Bezirk Wiesbaden belegenem Grundbesitz. In seinem Testament ordnete E1 die sofortige Auskehrung von 2/8 seines Nachlasses an E2 an. Sollte E2 vor der (Ver-) Teilung versterben – wie geschehen –, so sollte dieser 2/8-Anteil durch trustees so verteilt und übergeben werden, als wenn er als Erbe zugefallen oder nach den Gesetzen des Staates Missouri verteilt worden wäre im Falle des Ablebens von E2 ohne Hinterlassung eines Testaments und bei seinem Tode sein absolutes Eigentum gewesen wäre. E2 verfügte hinsichtlich seines Nachlasses ebenfalls die Errichtung von Trusts. Die Dauer dieser testamentary trusts befristete er auf längstens 21 Jahre nach dem Tod des letzten, den Erblasser überlebenden Kindes oder Enkels. Erst danach soll das dann noch vorhandene Vermögen auf die Erben verteilt werden. Die ursprünglich drei trustees sind mit weit reichenden Befugnissen ausgestattet. – Rechtsfolge: Soweit das deutsche unbewegliche Vermögen betroffen ist, sind die Trusts unwirksam und entsprechend ihrer konkreten Ausge-

---

[58] Nach BGH v. 13.6.1984 (Fn. 17).

[59] Nach *Mutter* (Fn. 24).

[60] Nach OLG Frankfurt v. 29.12.1962 (Fn. 19).

staltung in deutsche Rechtsinstitute umzudeuten. Danach gilt: Der von E2 mit den testamentary trusts erstrebte wirtschaftliche Erfolg kann über eine Testamentsvollstreckung erreicht werden. Gleichwohl ist dem verbliebenen trustee der testamentary trusts des E2 kein gegenständlich beschränktes Testamentsvollstreckerzeugnis bzgl. des in Deutschland belegenen 2/8-Anteils am Nachlass des E1 zu erteilen. Denn das inländische Immobilien-vermögen untersteht nicht der Verwaltung der durch E2 eingesetzten trus-tees, weil der von E1 verfügte Trust aus deutscher Sicht als Anordnung einer Vor- und Nacherbfolge anzusehen ist. Hinsichtlich des 2/8-Anteils war E2 lediglich Vorerbe. Für den tatsächlich eingetretenen Fall des Ver-sterbens von E2 vor erfolgter Auskehrung des 2/8-Anteils an ihn wollte E1 diesen Anteil aber den gesetzlichen Erben des E2 zuwenden.

2.1.5   Unwirksamkeit des Trust

Ist alles dies nicht neu, so veranschaulicht doch insbesondere die gegen-über der Entscheidung des BGH vom 13. 6. 1984[61] vorgebrachte Kritik, dass die oben dargestellte kollisionsrechtliche Differenzierung[62] zwischen der Errichtung eines (inter vivos) Trust auf der einen und der Einbringung eines Gegenstands in einen solchen auf der anderen Seite Gefahr läuft, Ergebnisse zu produzieren, die an den Realitäten des jeweiligen ausländi-schen Trust-Rechts vorbeilaufen. Doch auch wenn es bei der Übertragung einer so eigenartigen Rechtseinrichtung wie des common law-Trust in die diesen nicht anerkennende deutsche Rechtsordnung nicht gänzlich ohne Gewaltsamkeiten abgeht[63] und die Devise bei dessen Umdeu-tung/Anpassung stets lauten muss „so wenig Eingriff wie nötig" (Interventi-onsminimum)[64], so darf hierdurch aber nicht ein Mehr an Rechten kreiert

---

[61] BGH v. 13.6.1984 (Fn. 17).

[62] Prononciert *Kindler*, in: MüKo-BGB, Bd. 10, 4. Aufl. 2006, IntGesR Rz. 290.

[63] So schon *Frankenstein*, Internat. PrivatR, 4. Bd., 1935, S. 492.

[64] Vgl. BayObLG v. 18.3.2003 (Fn. 39), ZEV 2003, 508; *F. Sturm/G. Sturm*, in: Staudin-ger, BGB, Neubearb. 2003, Einl. zum IPR Rz. 222; *Kegel/Schurig* (Fn. 33), S. 361 f. sowie schon RG v. 19.12.1922, III 137/22, RGZ 106, 82, 86 (zur Lückenschließung bei einem ordre public-Verstoß).

werden, als in der mit dem Trust vertrauten Jurisdiktion überhaupt bestehen können[65].

So hat der BGH im Urteil vom 13.6.1984 ausgeführt, dass im Fall einer nach deutschem Recht zu beurteilenden Forderung die Trust-Bestellung unwirksam wäre. „Wirklich ‚insgesamt' unwirksam?" lautet die in Teilen der Literatur auf diese Entscheidung hin einzig zwecks ihrer umgehenden Negierung rein rhetorisch aufgeworfene Frage. Sei dieses Resultat „nicht überzeugend"[66] bzw. lasse es sich inhaltlich auf die „nach dem Sachstatut zu beurteilende dingliche Berechtigung hinsichtlich des Trustvermögens reduzieren"[67], so verdient der BGH vor dem Hintergrund des sogleich darzustellenden hiesigen Verständnisses vom (englischen) Trust-Recht m.E. dagegen Zustimmung[68].

Trotz aller Bemühungen um Empathie und ausgehend von der zutreffenden Erkenntnis, dass es sich beim Trust nicht um eine selbstständige juristische Person handelt[69], ist es dem mitunter ebenfalls bzgl. testamentary trusts befürworteten Konzept von der kollisionsrechtlichen Trennung zwischen der Errichtung eines Trust und der Einbringung eines Gegenstands in einen solchen doch inhärent, dass beide Vorgänge verschiedenen Rechtsordnungen unterliegen können[70] und damit die Möglichkeit besteht, dass sie sich hinsichtlich ihrer Wirksamkeit unterscheiden. Sofern dieses Resultat bei dem in den Kategorien von Schuld- und Sachenrecht denkenden deutschen Juristen überhaupt ein Störgefühl auslöst – die Treuhand als dem funktionalen Pendant des (inter vivos) Trust basiert schließlich gerade auf dem Abstraktionsprinzip –, so werden allerdings aus der Tatsache, dass die lex rei

---

[65] Vgl. *Serick* (Fn. 29), S. 666.

[66] *Kötz*, IPRax 1985, 205.

[67] *Winkler*, Die steuerl. Subjektqualifikation des Private Express Trust, 2001, S. 62; krit. *Lüderitz* (Fn. 54), Rz. 200 Fn. 11 u. Rz. 326.

[68] Zur Relevanz des Meinungsstreits vgl. *Flick/Piltz* (Fn. 29), Rz. 1096.

[69] *Underhill/Hayton* (Fn. 10), S. 39; unzutr. *Siegwart*, ZEV 2006, 110, 112; die Umschreibungen „Errichtung" eines Trust und „Einbringung" eines Gegenstands in einen Trust sind entsprechend zu verstehen.

[70] *Sonnenberger* (Fn. 47), Rz. 528.

sitae „ohnehin noch ein Wort mitzureden" hat, wenn überhaupt nur im „Außenverhältnis" des im „Innenverhältnis" dagegen als wirksam „errichtet"
angesehenen Trust Konsequenzen gezogen[71].

2.1.6   Eigener Ansatz

Dies jedoch scheint des Guten zu viel. Beim common law-Trust handelt es
sich um eine auf den in diesem gehaltenen Vermögensgegenstand bezogene
rechtliche Beziehung fiduziarischer Natur primär zwischen trustee und
beneficiary[72] – der settlor ist als solcher[73] nach Schaffung des Trust an diesem
regelmäßig nicht mehr beteiligt[74] –, welche darüber hinaus allerdings auch
weitgehende Wirkungen erga omnes[75] entfaltet. Sie entsteht typischerweise[76] dadurch, dass ein Vermögensgegenstand mit der Maßgabe vom settlor
auf den trustee (nicht: trust) übertragen wird, dass der trustee den Gegenstand fortan samt Erträgen zugunsten der beneficiaries zu verwalten und
zu verwenden hat[77]. Die sich speziell aus dem Blickwinkel des vom Abstraktionsprinzip beherrschten deutschen Zivilrechts hieraus ergebende Beson-
derheit besteht nun darin, dass es sich bei der aus den zwei Elementen
„Übertragung eines Gegenstands" und „Maßgabe, diesen samt Erträgen
zugunsten der beneficiaries zu verwalten und zu verwenden" zusammen-

---

[71] Vgl. *Wendehorst* (Fn. 54), Rz. 50 ff.

[72] *Von Overbeck*, Report, Tz. 40.

[73] Freilich kann er sich die Stellung eines beneficiary („grantor trust") einräumen
oder ausnahmsweise gewisse Befugnisse betreffend die Trust-Verwaltung vorbehalten. Aufgrund ansonsten eintretender Konfusion bzw. fehlender Trennung von
„legal title" und „equitable interest" kann ein und dieselbe Person jedoch nicht
zugleich einziger trustee und einziger beneficiary sein.

[74] *Waters* (Fn. 12), S. 130.

[75] Nur gegenüber einem „purchaser for value of the legal interest without notice" ist
das „proprietary interest" des beneficiary nicht durchsetzbar; vgl. zum Ganzen
Westdeutsche Landesbank Girozentrale v. Islington, [1996] 2 All ER 961, 988 (HL) per
Lord Browne-Wilkinson; *Lewin* on Trusts, 17. Aufl. 2000, Rz. 1-06.

[76] Ferner *Underhill/Hayton* (Fn. 10), S. 144.

[77] *Schlosser*, Report, Tz. 109.

setzenden Statuierung eines Trust rechtlich um einen einheitlichen Vorgang handelt. Ohne wirksame Übertragung des Eigentums bzw. der Rechtsinhaberschaft am betreffenden Gegenstand gelangt ein Trust nicht zur Entstehung[78]. In einem solchen Fall gibt es nichts zu verwalten oder zu verteilen[79]. Scheitert eine wirksame Eigentumsübertragung nach englischem[80] Recht z.B. dann, wenn es sich bei dem angedachten trust property um ein Grundstück handelt, das in einem – aus englischer Perspektive – ausländischen Staat belegen ist und das Recht dieses Staates (die lex rei sitae) den zu gründen beabsichtigten common law-Trust nicht anerkennt[81] – wie etwa das deutsche Recht –, so bleibt von dem geplanten Trust nichts übrig[82].

Will man im deutschen IPR nicht zuletzt unter Hinweis darauf, dass eine einheitliche (sachenrechtliche) Anknüpfung[83] von Trust-Errichtung und Einbringung eines Gegenstands in einen Trust dem treuhänderischen Charakter des Vermögenstransfers vom settlor auf den trustee zugunsten der beneficiaries nicht gerecht wird[84], gleichwohl an der diesbezüglichen kollisionsrechtlichen Aufspaltung festhalten, so bedarf es mit der Bejahung eines insoweit einheitlichen Rechtsgeschäfts allerdings nur wenig, um die Errich-

---

[78] *Hayton* (Fn. 28), S. 129; vgl. auch *Leptien*, in: Soergel, BGB, §§ 104 - 240, 13. Aufl. 1999, vor § 164 Rz. 52 zur Treuhand nach deutschem Recht.

[79] *Rabel*, The Conflict of Laws, Volume Four, 1958, S. 460.

[80] Entsprechendes gilt aus US-Sicht *Graue* (Fn. 29), S. 162; *Sieker* (Fn. 29), S. 79, 81, 97 f.

[81] Vgl. *Earl Nelson v. Lord Bridport* (1846) 8 Beav 547; *Keeton and Sheridan*, The Law of Trusts, 12. Aufl. 1993, S. 19; *Lewin* on Trusts (Fn. 75), Rz. 11-54; *Underhill/Hayton* (Fn. 10), S. 182 f., 188; *Bredow/Reich*, WiB 1995, 775, 777; unzutr. *Offerhaus/Moore*, PISTB 2007, 150, 154; *Birnbaum/Lohbeck/Pöllath*, FR 2007, 479, 481.

[82] Vgl. *Dyer/van Loon*, Report, Tz. 123; *von Overbeck*, Report, Tz. 54; zu diesbzgl. Vorkehrungen im trust deed *Parker and Mellows*, The Modern Law of Trusts, 8. Aufl. 2003, S. 882.

[83] Diese befürwortend *Goldstein*, Trusts of Movables in the Conflict of Laws, Diss. Köln, 1966, S. 97 ff.; vgl. auch *Knauer*, RabelsZ 25 (1960), 313, 334 f.; *Sonnenberger* (Fn. 47), Rz. 528.

[84] Vgl. *Fischer-Dieskau* (Fn. 44), S. 127; *Coing*, ZfRV 15 (1974), 81, 85; *Czermak* (Fn. 44), S. 200 f.

tung eines Trust von der Wirksamkeit der Einbringung eines Gegenstands in diesen abhängig zu machen, d.h. eine dem ausländischen Trust-Recht im Ergebnis gerecht werdende Situation – nämlich eben die vom BGH im Urteil vom 13.6.1984 konstatierte Unwirksamkeit des dortigen common law-Trust – herzustellen. Das Abstraktionsprinzip wird hierdurch nicht verletzt[85]. Im Ergebnis kann ein Trust nach common law aus deutscher Sicht daher nur dann wirksam errichtet werden, wenn er sowohl von derjenigen Rechtsordnung, die seine Errichtung beherrscht, als auch von der Jurisdiktion, der das präsumtive trust property untersteht, anerkannt wird[86].

2.1.7   Gestaltungsmöglichkeiten

Das Hindernis, welches das deutsche Recht der Einbringung eines ihm unterliegenden Vermögensgegenstands in einen common law-Trust bereitet, lässt sich überwinden, indem Ersteres zugunsten einer den Trust anerkennenden Rechtsordnung abgelegt wird. Ein solcher Statutenwechsel kann zum einen dadurch erreicht werden, dass die betreffende (bewegliche) Sache in eine Trust-freundliche Jurisdiktion verbracht wird und damit ab Grenzübertritt dem Recht dieses Belegenheitsstaats unterliegt; dort kann sie anschließend einem Trust unterworfen werden[87]. Zum anderen wird auf die Möglichkeit hingewiesen, (unbewegliches) Inlandsvermögen in eine Kapitalgesellschaft des Trust-freundlichen Auslands einzubringen („underlying company"[88]), deren nicht dem deutschen Recht unterstehenden Anteile dort wiederum in trust gehalten werden können. Ebenso wie bei der weiteren Option, dem deutschen Recht unterliegendes Sachvermögen durch

---

[85] Vgl. zu § 139 BGB BGH v. 20.1.1989, V ZR 181/87, NJW-RR 1989, 519; v. 26.10.1990, V ZR 22/89, NJW 1991, 917, 918; *Heinrichs*, in: Palandt (Fn. 18), § 139 Rz. 7; a.A. *Roth*, in: Staudinger, BGB, Neubearb. 2003, § 139 Rz. 54 m.w.N.

[86] Vgl. auch *Dörner* (Fn. 50), Rz. 15.

[87] *Bredow/Reich*, WiB 1995, 775, 777; *Limmer*, in: Reimann/Bengel (Hrsg.), Testament u. Erbvertrag, 3. Aufl. 1999, Teil D Rz. 202; *Verstl*, Der internat. Trust als Instrument der Vermögensnachfolge, 2000, S. 55; *Schiffer*, Die Stiftung in der anwaltl. Praxis, 2003, § 12 Rz. 10; *Schiffer/von Schubert*, ErbBstg 2003, 10, 12.

[88] *Winkler* (Fn. 67), S. 63; *Alpers*, DSWR 2005, 242.

Veräußerung zunächst in liquide Mittel zu verwandeln, um dann den Erlös bzw. den mit dem Erlös erworbenen Gegenstand in einen den Trust anerkennenden Staat zu verbringen und dort einem Trust zu unterwerfen, stellt sich freilich stets die Frage, ob sich ein Beschreiten des unter Wahrung der durch das Institut der „fraus legis"[89] gezogenen Grenzen zivilrechtlich jeweils gangbaren Wegs aus steuerlicher Perspektive als nutzbringend erweist[90].

2.1.8   Pflichtteils-/Zugewinnausgleichsansprüche

Pflichtteilsansprüche (§ 2303 BGB) lassen sich durch Trust-spezifische Gestaltungen allerdings nicht effektiv reduzieren, da das in den Trust eingebrachte Vermögen unter den Voraussetzungen des § 2325 BGB vom dort normierten Pflichtteilsergänzungsanspruch erfasst wird. Wie allgemein für Schenkungen (§ 516 BGB) gilt auch insoweit Abweichendes nur dann, wenn entweder die schenkungsgleiche Trust-Errichtung mindestens 10 Jahre vor dem Tod des settlor erfolgt oder aber die Pflichtteilsberechtigten entsprechende Verzichtserklärungen (§ 2346 Abs. 2 BGB) abgeben. Da § 2325 Abs. 3 BGB einen spürbaren Vermögensverlust auf Seiten des Erblassers verlangt[91], dürften im Hinblick auf diese Norm vor allem irrevocable trusts, nicht aber grantor trusts oder revocable trusts, zum Einsatz gelangen. In Bezug auf Zugewinnausgleichsansprüche gilt das Vorstehende entsprechend, vgl. §§ 1371 ff., 1375 Abs. 2, 3 BGB[92].

---

[89] Hierzu vgl. *Sonnenberger* (Fn. 47), Rz. 756 ff. m. w. N.

[90] Vgl. *Killius*, in: Breuninger/Müller/Strobl-Haarmann (Hrsg.), FS Rädler, 1999, S. 343, 350; *Verstl* (Fn. 87), S. 55 f.; *Alpers*, IWB, F. 10, Gr. 2, S. 1619; *Schindhelm/Stein* (Fn. 38), Rz. 149 Fn. 5.

[91] BGH v. 17.9.1986, IVa ZR 13/85, BGHZ 98, 226, 232 = NJW 1987, 122; v. 27.4.1994, IV ZR 132/93, BGHZ 125, 395, 398 f.; *Edenhofer*, in: Palandt (Fn. 18), § 2325 Rz. 22.

[92] Zum Ganzen *Bredow/Reich*, WiB 1995, 775, 778; *Siemers/Müller*, ZEV 1998, 206, 208; *Zwirlein*, in: Haarmann, Hemmelrath & Partner (Hrsg.), Gestaltung u. Analyse in der Rechts-, Wirtschafts- und Steuerberatung, 1998, S. 75, 79 f.; *Jülicher*, PISTB 1999, 37, 38; *von Oertzen* (Fn. 29), S. 1517; vgl. aber *Alpers* (Fn. 90), S. 1620.

2.2   Trusts aus mixed legal systems

Dass „Trust" nicht gleich „Trust" ist wird deutlich, wendet man sich z.B. dem von common law-Jurisdiktionen zu unterscheidenden mixed legal system Schottlands zu. Wenngleich diesem Rechtssystem die Trennung von law und equity ebenso fremd ist wie dem deutschen[93], so trifft selbiges auf das dort schon seit Jahrhunderten verwurzelte Rechtsinstitut des Trust dagegen nicht zu[94]. Vielmehr belegt das schottische Beispiel – vgl. ferner Art. 2 der Haager Trustkonvention und Art. I der „Principles of European Trust Law" – gerade im Gegenteil, dass eine rechtliche Konstruktion von „trusts without equity"[95] durchaus möglich ist, d.h., dass Trusts auch in einer solchen Rechtsordnung errichtet werden können, in welcher der numerus clausus dinglicher Rechte vorherrscht und das einzige in deren Trust-Recht anzutreffende „real right" das der „indivisible (…) ownership (…) vested in the trusee" ist[96].

Doch auch wenn die unter dem schottischen Trust-Recht erlangbaren Rechtsfolgen im Ergebnis denjenigen stark angenähert sind, welche das englische Trust-Recht zur Verfügung stellt (namentlich die „real subrogation"[97]), so darf hieraus m.E. allerdings nicht vorschnell die Konsequenz gezogen werden, die oben in Bezug auf common law-Trusts gemachten Ausführungen unbesehen auch auf Trusts nach schottischem Recht zu übertragen. Denn während mit der Errichtung eines Trust nach common law unweigerlich die dem deutschen Recht unbekannte Eigentumsspaltung verbunden ist und Trusts dieser Provenienz aus deutscher Sicht daher zwingend die Aner-

---

[93] Vgl. *Gretton*, in: Reid/Zimmermann (Hrsg.), A history of private law in Scotland, Vol. 1, 2000, S. 480, 482; *Chalmers*, Trusts: Cases and Materials, 2002, Rz. 1.01.

[94] Vgl. nur The Laws of Scotland, Stair Memorial Encyclopaedia, Vol. 24, 1989, Rz. 1-7 m.w.N.

[95] So der Titel des in (2000) 49 ICLQ 599 veröffentlichten Aufsatzes von *Gretton*.

[96] *Reid*, in: Hayton/Kortmann/Verhagen (Hrsg.), Principles of European Trust Law, Vol. 1, 1999, S. 67 f. Die Klassifizierung des Rechts des beneficiary ist allerdings auch im schottischen Recht unklar; zum Streitstand *Wienbracke* (Fn. 35), S. 58 ff. m.w.N.

[97] *Gretton*, (1997) 1 ELR 281 (291 f.); *Reid*, in: Milo/Smits (eds.), Trusts in Mixed Legal Systems, 2001, S. 19 (23) = (2000) 8 ERPL 427 (432).

kennung zu versagen ist, so ist einziger rechtlicher Eigentümer des in einem schottischen Trust gehaltenen Vermögensgegenstands dagegen der trustee. Dass der beneficiary eines schottischen Trust im Ergebnis gleichwohl über Rechte verfügt, die denen seines englischen Gegenübers weitgehend entsprechen, liegt nicht zuletzt darin begründet, dass den als solchen auch dem deutschen Recht nicht unbekannten Elementen – wie z. B. der dinglichen Surrogation – im schottischen Recht nicht wie unter dem BGB ein lediglich begrenzter (vgl. z.B. §§ 2041, 2111 BGB), sondern vielmehr ein umfassenderer Anwendungsbereich zugewiesen wird.

Treten diese Besonderheiten im „Normfall" jedoch nicht zu Tage, so kommt es auch nicht zur Entstehung eines Konflikts zwischen der juristischen Konstruktion des schottischen Trust einerseits und den dogmatischen Grundlagen des deutschen Rechts andererseits, welcher im Hinblick auf common law-Trusts ja gerade zu deren Negierung durch das deutsche Recht führt. Dann aber muss dieser Unterschied des schottischen gegenüber dem englischen Trust in der Konsequenz auch dazu führen, dass, soweit die Widerspruchslosigkeit des schottischen Trust-Rechts gegenüber dem numerus clausus und dem Typenzwang des BGB reicht, Trusts nach dem Recht Schottlands vom deutschen Zivilrecht anzuerkennen sind. Folglich müssen ebenfalls die vom deutschen Recht beherrschten Vermögensgegenstände m.E. wirksam in einen schottischen Trust eingebracht werden können[98]. Allein insoweit, als im Einzelfall durch das schottische Trust-Recht dem deutschen Recht unbekannte Rechtsfolgen auf den Plan gerufen werden sollten, ist diesen weitergehenden Rechtsfolgen – nicht aber dem schottischen Trust insgesamt – die Anerkennung zu verweigern[99].

---

[98] *Wienbracke* (Fn. 35), S. 60 f.; *ders.*, IWB, F. 5 Gr. 2, S. 417, 419; vgl. auch *Jülicher*, IStR 2001, 178; *ders.*, in: Troll/Gebel/Jülicher, ErbStG, § 2 Rz. 113; *Gretton* (Fn. 92), S. 483.

[99] So zu common law-Trusts *Wittuhn*, Das internat. PrivatR des trust, 1987, S. 66 ff.

2.3   Praktische Konsequenzen - deutsches Zivilrecht und deutsches ErbStG

Die unter rechtskonstruktivem Blickwinkel mithin als fundamental zu be-
zeichnenden Unterschiede des englischen gegenüber dem schottischen
Trust-Recht spiegeln sich auf Ebene des deutschen Zivilrechts allerdings
nicht zwingend auch im praktischen Ergebnis wider. So kann zwar eine vom
deutschen Sachrecht beherrschte Forderung nicht wirksam einem englischen
inter vivos trust unterworfen werden. Doch führt die bei entsprechend
gelagertem Sachverhalt sodann vorzunehmende Umdeutung in eine Treu-
händerbestellung letztlich dazu, dass der Treuhänder im Außenverhältnis
in vollem Umfang wirksam über die Forderung verfügen kann und hierbei
nur rein schuldrechtlichen Beschränkungen unterliegt[100]. Nicht anders stellt
sich aber von vornherein die Rechtslage unter einem aus deutscher Perspektive m.E. als wirksam anzuerkennenden schottischen Trust dar. Alleiniger
Inhaber der in einem schottischen Trust gehaltenen Forderung ist der trustee, der diese mit der Verpflichtung hält, sie zugunsten der beneficiairies zu
verwenden.

Dass die dogmatischen Unterschiede zwischen englischem und schottischem Trust-Recht jedoch durchaus auch für die praktische Rechtsanwen-
dung Bedeutung haben, wird deutlich, wendet man sich dem deutschen
Erbschaftsteuer- und Schenkungsteuerrecht zu. Dieses enthält mit Wirkung
für Erwerbe, für die die Steuer nach dem 4.3.1999 entstanden ist oder entsteht, unter dem Begriff „Vermögensmasse ausländischen Rechts, deren
Zweck auf die Bindung von Vermögen gerichtet ist" Spezialregelungen, die
gerade in Bezug auf Trusts ergangen sind. Danach handelt es sich u.a. bei
der „Bildung" eines Trust um einen steuerpflichtigen Vorgang, §§ 3 Abs. 2
Nr. 1 Satz 2, 7 Abs. 1 Nr. 8 Satz 2 ErbStG. Ob ein Trust in diesem Sinne
wirksam „gebildet" wurde, beurteilt sich allein nach den Vorschriften des

---

[100] BGH (Fn. 17), S. 224.

jeweiligen ausländischen Privatrechts[101]. Ebenso wie nach englischem ist auch nach schottischem Privatrecht ein Trust allerdings dann „wholly invalid", falls das lokale Recht diesen nicht anerkennen würde[102]. Hier nun schließt sich der Kreis: Da das deutsche Zivilrecht eben nur dem (englischen) common law-Trust, m.E. aber nicht auch dem schottischen Trust die Anerkennung versagt, liegt in Bezug auf einen dem deutschen Sachrecht unterstehenden Vermögensgegenstand eine wirksame Trust-„Bildung" i.S. der §§ 3 Abs. 2 Nr. 1 Satz 2, 7 Abs. 1 Nr. 8 Satz 2 ErbStG dann vor, wenn es sich um einen schottischen Trust handelt. Demgegenüber kann ein z.B. englischer common law-Trust mittels eines vom deutschen Sachrecht beherrschten Gegenstands nicht im vorstehenden Sinn wirksam „gebildet" werden[103].

2.4 Zusammenfassung

Anders als Trusts nach common law stehen Trusts aus mixed legal systems, wie z.B. Schottland, nicht in grundsätzlichem Widerspruch zur Dogmatik des deutschen Zivilrechts und können in dessen Anwendungsbereich m.E. daher sowohl zivilrechtlich als auch i.S. von §§ 3 Abs. 2 Nr. 1 Satz 2, 7 Abs. 1 Nr. 8 Satz 2 ErbStG wirksam „gebildet" werden. Demgegenüber liegt keine wirksame „Bildung" einer „Vermögensmasse ausländischen Rechts, deren Zweck auf die Bindung von Vermögen gerichtet ist" i.S. des ErbStG vor, sofern vom deutschen Recht beherrschtes Vermögen in einem common law-Trust gehalten werden soll.

---

[101] *Halaczinsky*, NWB, F. 10, S. 905, 906; *Moench*, in: ders./Kien-Hümbert/Weinmann, ErbStG, § 3 Rz. 203; *Jülicher*, in: Troll/Gebel/Jülicher, ErbStG, §2 Rz. 124; *Wienbracke*, SteuerRevue 2007, 490; a.A. *Birnbaum/Lohbeck/Pöllath*, FR 2007, 479, 481.

[102] The Laws of Scotland (Fn. 94), Rz. 15 m.w.N.; zum engl. Recht Fn. 81 f.; zur US-amerikan. Sicht Fn. 80.

[103] Wie hier *Deininger/Götzenberger*, Internat. Nachfolgeplanung mit Auslandsstiftungen u. Trusts, 2006, Rz. 152 f.

3 Trusts im deutschen Ertragsteuerrecht (inkl. DBA-Recht)[1,2]

Der für den anglo-amerikanischen Rechtskreis als „stilprägendes Institut" bezeichnete common law trust beruht auf der dortigen Spaltung von law und equity: Der settlor überträgt einen Gegenstand aus seinem Vermögen auf den trustee als legal owner, damit dieser ihn für den beneficiary als equitable owner verwaltet. Ist dieser „Eigentumsdualismus" mit den „dogmatischen Grundlagen" des deutschen Zivilrechts unvereinbar, so wirft die Frage nach der Besteuerung von Erträgen, die mittels in trust gehaltenen Wirtschaftsgütern erzielt werden, jedoch nicht nur im nationalen Recht seit jeher zahlreiche Probleme auf. Auch auf DBA-Ebene ist zu ermitteln, wer als „Nutzungsberechtigter" abkommensberechtigt ist – ein Thema, dem sich der IFA Kongress 2007 in Kyoto unter der Überschrift „Conflicts in the Attribution of income to a Person" widmen wird.

---

[1] Nachdruck des vom Verfasser unter dem Titel „Die ertragsteuerliche Behandlung von trusts nach nationalem und nach DBA-Recht" in RIW 2007, S. 201-206 erstveröffentlichten Aufsatzes. Lediglich die Formatierung wurde geändert.

[2] Der Beitrag entstand im Rahmen der Referendarwahlstation des Verfassers beim IBFD im Herbst 2006. Mehr über den Autor erfahren Sie auf S. VIII [hier nicht abgedruckt].

3.1   Innerstaatliche Besteuerung[3]

3.1.1   Errichtung[4] eines trust

Die anlässlich der trust-Errichtung regelmäßig[5] erfolgende unentgeltliche Übertragung eines Wirtschaftguts aus dem Privatvermögen des settlor auf den trustee unterfällt keinem der im EStG normierten Steuertatbestände, verlangen doch auch die §§ 17 Abs. 2 S. 1 und 22 Nr. 2, 23 EStG eine entgeltliche[6] Veräußerung und gehören Erbschaften und Schenkungen nicht zu den durch eine Erwerbstätigkeit erzielten Einkünften i.S.d. EStG.[7] Als ausnahmsweise nicht nur erbschaft-/schenkungsteuerpflichtiger (§§ 3 Abs. 2 Nr. 1 S. 2, 7 Abs. 1 Nr. 8 S. 2 ErbStG), sondern ebenfalls ertragsteuerpflichtiger Vorgang erweist sich die Errichtung eines trust neben dem Fall des § 6 Abs. 3 Nr. 1 AStG[8] allerdings auch dann, wenn sie mittels eines Wirtschaftsguts des Betriebsvermögens nach §§ 4 Abs. 1 S. 2, 6 Abs. 1 Nr. 4

---

[3] Die im Zeitraum zwischen Fertigstellung und Veröffentlichung dieses Beitrags eingetretene Neuerung – namentlich das SEStEG (BGBl. I 2006, S. 2782) und das JStG 2007 (BGBl. I 2006, S. 2878) – konnten im Folgenden nicht mehr berücksichtigt werden.

[4] Auch wenn vorliegend von der „Errichtung" eines *trust* gesprochen wird, so darf dies freilich nicht darüber hinweg täuschen, dass der *trust* in seinem englischen Heimatrecht nicht mit eigener Rechtspersönlichkeit ausgestattet ist, vgl. *Underhill/Hayton*, Law Relating to Trusts and Trustees, 16. Auflage 2003, S. 39.

[5] Nach englischem Recht etwa kann ein *trust* alternativ auch dadurch errichtet werden, dass der *settlor* erklärt, er werde bestimmte Gegenstände aus seinem Vermögen fortan *in trust* halten, siehe *Underhill/Hayton*, Law Relating to Trustsand Trustees, 16. Auflage 2003, S. 144.

[6] *Weber-Grellet*, in: Schmidt, EStG, 25. Auflage 2006, § 17 Rdnr. 96, § 23 Rdnr. 50 m.w.N.

[7] Zu Letzterem: *Lang*, in: Tipke/Lang, Steuerrecht, 18. Auflage 2005, § 9 Rdnr. 124.

[8] Derzeit ist insoweit ein Vertragsverletzungsverfahren nach Art. 226 EGV vor dem EuGH anhängig. Zur Handhabung in der Zwischenzeit siehe BMF, 8. 6. 2005-IV B 5-S 1348-35/05, BStBl. I 2005, 714.

EStG unter den dort[9] genannten (Entstrickungs-)Voraussetzungen erfolgt.[10] Entsprechendes dürfte ebenfalls im Hinblick auf einbringungsgeborene Anteile nach § 21 Abs. 2 Nr. 2 UmwStG gelten.[11]

3.1.2 Bestehen des trust

Abhängig von der konkreten Ausgestaltung des jeweiligen trust richtet sich die ertragsteuerliche Behandlung im Zeitraum zwischen dessen Errichtung und Auflösung nach folgendem kaskadenartigen Prinzip:

3.1.2.1 Trust als „conduit"

Sofern der settlor trotz erfolgter Übertragung des legal title am jeweils in trust gehaltenen Wirtschaftsgut gem. § 39 Abs. 2 Nr. 1 S. 2 AO weiterhin dessen wirtschaftlicher Eigentümer geblieben sein sollte, so werden ihm regelmäßig zugleich die hiermit erzielten Einkünfte zugerechnet (1. Stufe).[12] Je nach Ausgestaltung des trust im Einzelfall komme eine Zuordnung der in diesem gehaltenen Gegenstände auch zu den beneficiaries oder dem trustee in Betracht.[13]

---

[9] Die Annahme eines allgemeinen Entstrickungsprinzips findet keine ausreichende Stütze im Gesetz, siehe etwa *Hey*, in: Tipke/Lang, Steuerrecht, 18. Auflage 2005, § 17 Rdnr. 204 m.w.N.

[10] Beim unentgeltlichen Erwerb eines (Teil-)Betriebs oder Mitunternehmeranteils sind die Wirtschaftsgüter mit ihrem Buchwert anzusetzen, § 6 Abs. 3 EStG.

[11] Zum Ganzen: *Sieker*, Der US-Trust, 1991, S. 329 ff.; *Seibold*, IStR 1993, S. 545 (547); *Zwirlein*, in: Haarmann, Hemmelrath & Partner (Hrsg.), Gestaltung und Analyse in der Rechts-, Wirtschafts- und Steuerberatung von Unternehmen, 1998, S. 75 (84); *Bremer*, in: Grotherr (Hrsg.), Handbuch der internationalen Steuerplanung, 2. Auflage 2003, S. 1577 (1595), jeweils m.w.N.

[12] *Bredow/Reich*, WiB 1995, S. 775 (780); *Piltz*, ZEV 1996, S. 382 (383); *Bremer*, in: Grotherr (Hrsg.), Handbuch der internationalen Steuerplanung, 2. Auflage 2003, S. 1577 (1596).

[13] *Haarmann*, Forum der internationalen Besteuerung 7 (1996), S. 151 (155). Gegen eine Zurechnung des *trust*-Vermögens zum *trustee*: *Winkler*, Die steuerliche Subjektqualifikation des Private Express Trust, 2001, S. 143.

Voraussetzung für die Zurechnung nach § 39 Abs. 2 Nr. 1 S. 2 AO ist, dass die konkrete trust-Gestaltung als Treuhandverhältnis i.S.d. Norm zu werten ist. Welche Kriterien hierfür im Einzelnen erforderlich sind, wird unterschiedlich beurteilt. Der wohl strengsten Auffassung[14] zufolge müsse eine strikte Bindung des trustee an die Weisungen des settlor bestehen und dieser zudem über die jederzeitige Möglichkeit verfügen, den Verwalter bedingungslos abberufen zu können. Reiche das bloße Recht, isoliert die Vermögensübertragung zu widerrufen (revocable trust[15]), hierfür nicht aus,[16] so drängt sich vor dem Hintergrund der Realitäten des common law freilich die Frage auf, ob ein derartiges Konstrukt dort überhaupt noch als trust anerkannt wird.[17] Anderer Ansicht nach genüge es insoweit dagegen beispielsweise auch, dass sich der settlor zumindest die Berechtigung an den Erträgen aus dem trust-Vermögen vorbehält, wie etwa bei einem entsprechend ausgestalteten fixed grantor trust der Fall.[18]

Zwingend ist dieser Schluss von der Stellung als wirtschaftlicher Eigentümer des in einem revocable oder fixed grantor trust gehaltenen Gegenstands auf die gleichzeitige Eigenschaft als Einkünfteerzielungssubjekt allerdings nicht, da über § 39 AO nur eine Zurechnung von Wirtschaftsgütern, nicht aber auch von Einkünften erfolgt.[19] Letztentscheidend im Rah-

---

[14] *Habammer*, DStR 2002, 425 (427).

[15] Die Bildung von *trust*-Kategorien (dazu vgl. *Wienbracke*, English and Scots trusts under the German Inheritance and Gift Tax Act (ErbStG), 2005, S. 23 ff. m.w.N.) kann immer nur Ausgangspunkt der steuerlichen Handhabung des unter die jeweilige Kategorie fallenden *trust* sein. Letztentscheidend ist dessen konkrete Ausgestaltung im Einzelfall.

[16] A.A.: FG Köln, 8.7.1992 – 11 K 406/90, n. rkr., EFG 1993, 40 (41); *Ratjen*, DB 1982, 1793 (1795); *Fuhrmann*, Modelle lebzeitiger Unternehmensübertragung, 1990, S. 190; *Schaumburg*, Internationales Steuerrecht, 2. Auflage 1998, Rdnr. 11. 11.

[17] Vgl. *Waters*, Bulletin for International Taxation 1999, S. 118 (124 f.).

[18] *Pöllath*, IWB Fach 3 Gruppe 1 S. 1079 f.; *Siemers/Müller*, IStR 1998, 385 (390); *Verstl*, Der internationale Trust als Instrument der Vermögensnachfolge, 2000, S. 77.

[19] Speziell zu *trusts: Sieker*, Der US-Trust, 1991, S. 334; siehe aber auch *Killius*, in: Conston (Hrsg.), FS Walter, 1988, S. 63 (69). Allgemein: *König*, in: Pahlke/König, AO, 2004, § 39 Rdnr. 61; *Brockmeyer*, in: Klein, AO, 9. Auflage 2006, § 39 Rdnr. 37 m.w.N. aus der BFH-Rechtsprechung.

men der Ertragsbesteuerung ist folglich nicht das Vorhandensein eines insoweit lediglich indizielle Wirkung entfaltenden Treuhandverhältnisses,[20] sondern vielmehr, wer selbst Einkünfte am Markt erzielt, § 2 Abs. 1 S. 1 EStG.[21]

Kommt es hierfür nach der Rechtsprechung des BFH darauf an, ob der Übertragungsempfänger mit Hilfe der ihm verschafften Wirtschaftsgüter bzw. Rechtspositionen den Tatbestand der Einkünfteerzielung selbst verwirklicht,[22] so hat er in seinem Urteil vom 5.11.1992 für Recht erkannt, dass die vom trustee als formellem Inhaber des trust-Vermögens mittels diesem im Außenverhältnis erzielten Einkünfte dann dem settlor zuzurechnen sind, wenn die Vermögensverwaltung durch den trustee im Rahmen des sich zivilrechtlich wie wirtschaftlich als Treuhand- und Auftragsverhältnis darstellenden trust vorrangig im Interesse des settlor erfolgt, was etwa durch dessen Weisungsbefugnis gegenüber dem trustee indiziert werde. Könne Entsprechendes ebenfalls hinsichtlich der Anfallsberechtigten gelten, sofern sich der settlor jeglicher Verfügungsmöglichkeit über das trust-Vermögen begeben hat und die beneficiaries um dieses bereits bereichert sind, d.h. diesbzgl. entweder tatsächlich die Position als wirtschaftlicher Eigentümer oder rechtlich als Treugeber (eines ggfls. auch zwischen settlor und trustee abgeschlossenen Vertrages zugunsten Dritter) eingenommen haben, so wird der betreffende trust folglich als transparentes Gebilde ertragsteuerlich negiert (Durchgriffsbesteuerung).[23] Die mit dem trust-Vermögen erzielten Einkünfte behalten auch nach erfolgter Zurechnung ihre einkommensteuerrechtliche Qualifikation bei[24] und die Steuerpflicht entsteht ausschüttungsunabhängig in dem Veranlagungszeitraum, in dem der trustee den Überschuss bzw. Ge-

---

[20] Vgl. *Lang/Seer*, FR 1992, 637 (639).

[21] Vgl. *Pöllath*, IWB Fach 3 Gruppe 1 S. 1079 (1080); *Sieker*, BB 1991, 1975 (1978); *Habammer*, DStR 2002, 425 (427).

[22] Vgl. BFH, 13.5.1980- VIII R 128/78, BStBl. II 1981, 299, BB 1980, 1562.

[23] BFH, 5.11.1992- IR 39/92, BStBl. II 1993, 388 (390), BB 1993, 571 Ls.

[24] So bereits FinMin. NRW, 16.2.1968- S 1300- 3- VB 1, DB 1968, 330.

winn realisiert.[25] Abhängig vom jeweiligen trust-Typ[26] bzw. von der jeweiligen Einkunftsart[27] wird mitunter auch der trustee als Steuersubjekt genannt.

3.1.2.2   Trust als Familienstiftung

Ist aufgrund der Eigenart des jeweiligen trust eine Zurechnung des in diesem gehaltenen Vermögens an eine der beteiligten Personen demgegenüber nicht möglich, sondern stellt sich dieses trotz der fehlenden eigenen Rechtsfähigkeit des trust vielmehr als selbstständige Masse dar, so ist es samt des mit ihm erwirtschafteten Einkommens unter den weiteren Voraussetzungen des derzeit vom EuGH[28] überprüften § 15 Abs. 1 AStG primär dem settlor, subsidiär den beneficiaries, zuzurechnen (2. Stufe).[29] Dem von § 20 Abs. 1 AStG[30] angeordneten treaty override zufolge wird § 15 Abs. 1 AStG von etwaigen DBA-Vorschriften nicht berührt und ist gegenüber §§ 7 ff. AStG lex specialis, siehe § 15 Abs. 5 S. 2 AStG.

Die ausschüttungsunabhängige Zurechnung gemäß dem nach wie vor auch verfassungsrechtlich umstrittenen[31] § 15 AStG setzt zunächst voraus, dass es sich bei dem in trust gehaltenen property um ein bestimmten Zwecken dienendes Sondervermögen handelt, das aus dem Vermögen des

---

[25] *Sieker*, BB 1991, 1975 (1979 f.); *Götzenberger*, Optimale Vermögensübertragung, 2001, S. 463 f.

[26] *Ratjen*, DB 1982, 1793 (1795) hinsichtlich *irrevocable trusts*.

[27] *Seibold*, IStR 1993, 545 (546 f.); *Winkler*, Die steuerliche Subjektqualifikation des Private Express Trust, 2001, S. 168 ff. A.A.: *Sieker*, Der US-Trust, 1991, S. 333 f.; *Verstl*, Der internationale Trust als Instrument der Vermögensnachfolge, 2000, S. 77. Speziell zur Zurechnung von Einkünften aus Kapitalvermögen: s. u.

[28] Hierzu: FinMin Berlin, 1.2.2005- III A 3- S 1361- 3/2004; *Kellersmann/Schnitger*, IStR 2005, 253.

[29] Vgl. BFH, 5.11.1992 (Fn. 20); 2.2.1994- IR 66/92, BStBl. II 1994, 727 (728), BB 1994, 854 Ls.

[30] Hierzu: EuGH-Vorlage gem. Art. 234 Abs. 2 EG durch FG Münster, 5.7.2005- 15 K 1114/99 F, EW, EFG 2005, 1512.

[31] Etwa: *Grass*, in: Wöhrle/Schelle/Gross, AStG, § 15 Rdnr. 6 ff.

widmenden settlor ausgeschieden ist und dem eigene Einkünfte zufließen (nichtrechtsfähige Vermögensmasse i.S.v. § 2 KStG bzw. Zweckvermögen i.S.v. § 1 Abs. 1 Nr. 5 KStG). Die des Weiteren erforderliche wirtschaftliche Selbstständigkeit ist zu attestieren, wenn jemand Vermögensteile von dritter Seite mit der Auflage erhält, das Vermögen und seine Erträgnisse für einen bestimmten Zweck zu verwalten und zu verwenden.[32] Trifft dies v.a. auf irrevocable discretionary[33] und testamentary[34] trusts[35] zu, so sind definitionsgemäß auch bei diesen beiden trust-Typen mit den beneficiaries with interest in possession bzw. in remainder Bezugs- bzw. Anfallsberechtigte vorhanden, was für die Behandlung von trusts als (funktionale) Stiftung nach § 15 Abs. 4 AStG zusätzlich noch verlangt wird.[36]

Ferner kann eine nichtrechtsfähige Vermögensmasse nach § 15 Abs. 2 AStG nur dann als Familienstiftung qualifiziert werden, wenn der Stifter/settlor bzw. einer oder mehrere seiner Angehörigen (§ 15 AO) oder[37] Abkömmlinge (vgl. § 1589 BGB) allein oder zusammen zu mehr als der Hälfte bezugs- oder anfallsberechtigt sind.[38] Bezogen auf trusts sind die Bezugsberechtigten mit den an den trust-Einkünften „Zwischenberechtig-

---

[32] BFH, 5.11.1992 (Fn. 20), 389 unter Hinweis auf RFH, 7.4.1936- I A 227/35, RStBl. 1936, 442.

[33] Vgl. BFH, 2.2.1994 (Fn. 26), 731; *Schaumburg*, Internationales Steuerrecht, 2. Auflage 1998, Rdnr. 11.11; *Siemers/Müller*, IStR 1998, 383 (390); *Verstl*, Der internationale Trust als Instrument der Vermögensnachfolge, 2000, S. 87; *Winkler*, Die steuerliche Subjektqualifikation des Private Express Trust, 2001, S. 163 f.

[34] *Sieker*, BB 1991, 1975 (1977); *Bredow/Reich*, WiB 1995, 775 (780).

[35] Ob dies auch im Hinblick auf *trusts* nach schottischem bzw. südafrikanischem Recht zutrifft, wird von *Klein*, Intertax 2000, S. 322 (324) in Frage gestellt.

[36] *Schaumburg*, Internationales Steuerrecht, 2. Auflage 1998, Rdnr. 11.11; *Wassermeyer*, in: Flick/Wassermeyer/Baumhoff, Außensteuerrecht, § 15 Rdnr. 91. Im Ergebnis grundsätzlich a.A.: *Sieker*, BB 1993, 1257 (1258).

[37] Der Gesetzeswortlaut („und") ist wohl auf ein Redaktionsversehen zurückzuführen, vgl. *Schaumburg*, Internationales Steuerrecht, 2. Auflage 1998, Rdnr. 11.8 Fn. 16 m.w.N.

[38] BFH, 5.11.1992 (Fn. 20), 389.

ten" (beneficiaries with interest in possession) und die Anfalls-berechtigten mit den beneficiaires with interest in remainder gleichzusetzen.[39]

Wird in Teilen des Schrifttums[40] eine Bezugs- bzw. Anfallsberechtigung nur unter der Voraussetzung bejaht, dass die betreffende Person bei Würdigung sämtlicher Umstände[41] auch ein Rechtsanspruch bzw. eine rechtliche Anwartschaft auf den Bezug von entsprechenden Vermögenszuwendungen aus dem trust innehat, so sei es nach Auffassung der Finanzverwaltung[42] hingegen für die Bejahung einer Bezugsberechtigung bereits ausreichend, wenn auf Grundlage der „Satzung" (trust instrument) mit dem gegenwärtigen oder zukünftigen Erhalt von Vermögensvorteilen aus dem trust gerechnet werden könne (Prognoseentscheidung[43]). Anfallsberechtigter sei eine Person, die die Übertragung des trust-Vermögens rechtlich verlangen oder tatsächlich bewirken könne; ein Rechtsanspruch der anfallsberechtigten Person auf den Anfall des Vermögens müsse freilich nicht bestehen. Auch bzgl. discretionary trusts greife die Zurechnungsbesteuerung gem. § 15 AStG nach teilweise vertretener Auffassung daher Platz.[44] In Richtung dieser von der Finanzverwaltung eingenommenen Position scheint unter Berufung auf teleologische Gesichtspunkte ebenfalls der BFH[45] zu tendieren, der im vorliegenden Zusammenhang keinen einklagbaren Rechtsanspruch fordert, sondern eine aus den (Bei-)

---

[39] Vgl. *Killius,* in: Breuninger/Müller/Strobl-Haarmann (Hrsg.), FS Rädler, 1999, S. 343 (361).

[40] *Schaumburg,* Internationales Steuerrecht, 2. Auflage 1998, Rdnr. 11.23; *Wassermeyer,* in: Flick/Wassermeyer/Baumhoff, Außensteuerrecht, § 15 AStG Rdnr. 34 und 35.

[41] *Seibold,* IStR 1993, 545 (548); *Siemers/Müller,* IStR 1998, 383 (391).

[42] BMF, 14.5.2004- IV B 4-S 1304- 11/04, BStBl. I 2004, Sondernummer 1/2004, S. 3, Tz. 15. 2. 2.

[43] *Habammer,* DStR 2002, 425 (428).

[44] *Seibold,* IStR 1993, 545 (549); *Völkers/Weinmann,* Erbschaft- und Schenkungsteuerrecht, 2. Auflage 2003, S. 289. A.A.: *Peiner,* RIW 1983, 593 (598); *Winkler,* Die steuerliche Subjektqualifikation des Private Express Trust, 2001, S. 181; *Alpers,* IWB Fach 10 Gruppe 2 Seite 1619 (1622).

[45] BFH, 25.4.2001- II R 14/98, BFH/NV 2001, 1457.

Statuten des ausländischen Gebildes (trust instrument, letter of wishes) ableitbare und grundsätzlich nicht entziehbare Rechtsposition ausreichen lässt. In einem früheren Urteil[46] hat der BFH die (alleinige) Bezugsberechtigung der dortigen Klägerin „aus dem Zusammenhang zwischen abstrakter Berechtigung und tatsächlicher Auskehrung" entnommen.

Schließlich muss der trust mit Geschäftsleitung (§ 10 AO)[47] im Ausland das dem settlor bzw. beneficiary zuzurechnende Einkommen zunächst selbst erst einmal im steuerlichen Sinne erzielen, wobei unter „Einkommen" dasjenige zu verstehen ist, das sich bei hypothetischer unbeschränkter Steuerpflicht (Welteinkommen) des trust nach den Grundsätzen des deutschen Steuerrechts ergeben würde. Die hierzu erforderliche (Teil-)Rechtsfähigkeit wird dem trust als nichtrechtsfähige(s) Zweckvermögen bzw. Vermögensmasse durch § 1 Abs. 1 Nr. 5 bzw. § 2 KStG verliehen.[48] Werden Pausch- und Freibeträge sowie Sonderausgaben bei Vorliegen der jeweiligen gesetzlichen Voraussetzungen demgemäß sowohl bei der Einkommensermittlung des settlor als auch des trust angesetzt,[49] so lassen sich diese in gewissem Rahmen (§ 42 AO) durch den Einsatz mehrerer[50] trusts wirksam vervielfältigen.

---

[46] BFH, 2.2.1994 (Fn. 26), 729.

[47] In ihrem Heimatrecht sind *trusts* nicht mit eigener Rechtspersönlichkeit ausgestattet (s.o.) und verfügen über keinen Sitz i.S.v. § 11 AO, vgl. *Killius,* in: ifa (Hrsg.), International Tax Treatment of Common Law Trusts, 1986, S. 29 (30, 32). Im Rahmen von § 10 AO wird regelmäßig auf den Geschäftssitz (*Habammer,* DStR 2002, 425 (427): „Wohnsitz") des *trustee* als „geographischem Zentrum" des *trust* (vgl. *Schlosser* Report, Abl. EG v. 5.3.1979- C 59/107, Tz. 114 und *Overbeck* Report, Tz. 78) abzustellen sein.

[48] BFH, 5.11.1992 (Fn. 20), 389 f.

[49] BFH, 5.11.1992 (Fn. 20), 390 f.; BFH, 2.2.1994 (Fn. 26), 730. In Konsequenz hält *Wassermeyer,* in: Flick/Wassermeyer/Baumhoff, Außensteuerrecht,§ 15 Rdnr. 55 insoweit auch § 8b KStG für anwendbar.

[50] Im Fall von BFH, 2.2.1994 (Fn. 26) insgesamt vier.

Auf der Rechtsfolgenseite führt § 15 Abs. 1 AStG zu einer anteiligen, in Detailfragen freilich immer noch ungeklärten[51] Zurechnung des dem trust während des betreffenden Veranlagungszeitraums zugeflossenen Einkommens[52] (nicht: Einkünfte) primär an den unbeschränkt (§ 15 Abs. 1 AStG) oder erweitert beschränkt (§ 15 Abs. 5 i.V.m. § 5 AStG) steuerpflichtigen settlor und subsidiär an die unbeschränkt steuerpflichtigen beneficiaries, so dass sich der Gesamtbetrag der Einkünfte beim Zurechnungssubjekt entsprechend verändert.[53] Der trust entfaltet damit keine Abschottungswirkung und die auf seiner Ebene erzielten Einkünfte verlieren ihre Selbstständigkeit. Die Anrechnung etwaiger vom trust im Ausland gezahlter Steuern auf die Einkommensteuer des Zurechnungssubjekts bemisst sich nach §§ 15 Abs. 5, 12, 10 Abs. 1 AStG, 34c EStG.

Ist das Eingreifen der Rechtsfolgen des § 15 AStG demnach vom Vorhandensein eines in der BRD unbeschränkt bzw. erweitert beschränkt steuerpflichtigen settlor bzw. beneficiary abhängig, so kann nach dessen Abs. 2 dann nicht mehr von einer Familienstiftung i.S.d. Norm gesprochen werden, wenn die dortige 50 %-Grenze nicht überschritten wird. Die Zwischenschaltung einer in-/ausländischen juristischen Person als Anfalls-/Bezugsberechtigte dürfte wohl jedenfalls (vgl. auch § 15 Abs. 3 AStG) unter dem Gesichtspunkt des § 42 AO Bedenken begegnen.[54]

3.1.2.3   Trust als selbstständiges Steuersubjekt

Nur insoweit, als auch eine ausschüttungsunabhängige Einkommenszurechnung nach § 15 Abs. 1, 4 AStG nicht stattfindet – dies ist neben den im vorangegangenen Absatz genannten Konstellationen auch bzgl. „Zu-

---

[51] Siehe nur *Wassermeyer*, in: Flick/Wassermeyer/Baumhoff, Außensteuerrecht, § 15 AStG Rdnr. 30 ff. m.w.N.

[52] BMF, 14.5.2004 (Fn. 39), Tz. 15. 1. 2.

[53] Vgl. R 2 EStR 2005. Nach *Schaumburg*, Internationales Steuerrecht, 2. Auflage 1998, Rdnr. 11.13 m.w. N. erfasst die Zurechnung auch negatives Einkommen.

[54] *Bremer*, in: Grotherr (Hrsg.), Handbuch der internationalen Steuerplanung, 2. Auflage 2003, S. 1577 (1598).

fallsdestinatären"[55] der Fall –, können tatsächlich erfolgende Auskehrungen aus dem trust zu einer Einkommensteuerpflicht beim Empfänger nach § 22 Nr. 1 EStG[56] führen (3. Stufe). Denn die Anwendung des § 22 Nr. 1 EStG wird durch § 15 Abs. 1, 4 AStG als vorrangigem lex specialis verdrängt.[57]

Um einen „wiederkehrenden Bezug" von Einkünften in diesem Sinne bejahen zu können, ist das Vorhandensein eines entsprechenden Rechtsanspruchs (wie etwa bei einem fixed interest trust) auf die betreffende Einnahme (vgl. § 8 EStG) nicht zwingend erforderlich.[58] Auch „freiwillige" Ausschüttungen sind nach § 22 Nr. 1 EStG steuerpflichtig, sofern insoweit – wenn auch nicht immer in konstanter Höhe – eine gewisse Regelmäßigkeit zu erkennen ist.[59] Die Anwendung von § 22 Nr. 1 S. 2 EStG wird i.d.R. an der fehlenden unbeschränkten Steuerpflicht des trust scheitern (vgl. u.).[60] Wegen § 10 Nr. 1 KStG können Ausschüttungen beim trust nicht als Werbungskosten abgesetzt werden.[61]

---

[55] BMF, 14.5.2004 (Fn. 39), Tz. 15. 2. 1.

[56] § 20 Abs. 1 Nr. 9 EStG bezieht sich nur auf Leistungen von unbeschränkt körperschaftsteuerpflichtigen Vermögensmassen etc., d.h. solchen, die im Inland Sitz und/oder Geschäftsleitung haben (*Schlotter*, in: Littmann/Bitz/Pust, EStG, § 20 Rdnr. 727) und steht zu § 15 AStG in einem Exklusivitätsverhältnis, vgl. BFH, 2.2.1994 (Fn. 26), 728.

[57] BFH, 2.2.1994 (Fn. 26), 731.

[58] BFH, 2.2.1994 (Fn. 26), 730 f. m. w. N.

[59] BFH, 20.7.1971- VIII 24/65, BStBl. II 1972, S. 170 (171), BB 1971, 161.

[60] Sofern der konkrete *trust* dagegen als steuerlich transparente Rechtsfigur behandelt wird (s.o.), ist bei unbeschränkter Steuerpflicht des *settlor* als „Geber" eine Steuerfreiheit der Bezüge beim *beneficiary* denkbar, siehe *Zwirlein*, in: Haarmann, Hemmelrath & Partner (Hrsg.), Gestaltung und Analyse in der Rechts-, Wirtschafts- und Steuerberatung von Unternehmen, 1998, S. 75 (85).

[61] BFH, 2.2.1994 (Fn. 26), 730.

Bei entsprechender Anwendung des BFH-Urteils vom 25.8.1987[62] wird entgegen einiger Literaturstimmen[63] auch dann von „wiederkehrenden Bezügen" auszugehen sein müssen, sofern – wie bei einem discretionary trust der Fall – das „Ob" und „Wie" der Ausschüttung nach dem trust instrument zwar in das freie Ermessen des trustee gestellt ist, die einzelne Leistung formell also jeweils von einem gesonderten Beschluss abhängig ist, dessen alljährliche Fassung in der konkreten Fallgestaltung jedoch nur so verstanden werden kann, dass mit den laufenden Zuwendungen ein mit dem trust verbundener, einheitlicher Auftrag des settlor erfüllt werden soll. Dies kann freilich jedenfalls dann nicht mehr bejaht werden, wenn der beneficiary vor jeder Ausschüttung zunächst einen entsprechenden Bittbrief an den trustee zu senden hat und das verspätete oder gar gänzlich unterbleibende Absenden eines solchen Briefes den Verlust des Anrechts auf weitere Einkünfte oder Kapitalzahlungen zur Folge hat. Dann nämlich ist das nicht vorhersehbare Verhalten des Bedachten, und nicht ein von vornherein gefasster Entschluss zur Leistung von Zahlungen aufgrund eines einheitlichen Rechtsgrundes, von ausschlaggebender Bedeutung.[64]

In einem entsprechenden Rangverhältnis zu § 15 Abs. 1, 4 AStG wie § 22 Nr. 1 EStG steht schließlich auch die potenzielle Körperschaftsteuerpflicht des trust nach § 3 Abs. 1 KStG. Der trust selbst unterliegt nur dann als nichtrechtsfähige(s) Zweckvermögen bzw. Vermögensmasse der (un-)beschränkten Körperschaftsteuerpflicht des § 1 Abs. 1 Nr. 5 bzw. § 2 KStG, wenn eine Einkommenszurechnung (s.o. „ 2. Stufe"), die ihrerseits gegenüber der Einkünftezurechnung gemäß der o.g. „1. Stufe" subsidiär ist, nicht stattfindet.[65] Sofern das trust-Vermögen wirtschaftlich hinreichend verselbstständigt ist (s.o.), handelt es sich bei diesem dann nicht nur um eine Vermögensmasse i.S.v. § 1 Abs. 1 Nr. 5 KStG, sondern aufgrund

---

[62] BFH, 25.8.1987- IX R 98/82, BStBl. II 1988, 344 (346), BB 1988, 1512.

[63] *Ratjen*, DB 1982, 1793 (1795); *Siemers/Müller*, IStR 1998, 383 (391).

[64] BFH, 20.7.1971 (Fn. 56), 172.

[65] Vgl. *Haarmann*, Forum der Internationalen Besteuerung 7 (1996), S. 151 (160); *Bremer*, in: Grotherr (Hrsg.), Handbuch der internationalen Steuerplanung, 2. Auflage 2003, S. 1577 (1596).

seiner auf Vermögensbindung angelegten Zielrichtung zugleich auch um ein Zweckvermögen i.S.v. § 2 KStG.[66]

Wird aufgrund der Feindlichkeit des deutschen Zivilrechts gegenüber common law[67] trusts[68] ein solcher kaum einmal über eine inländische Geschäftsleitung i. S. v. § 10 AO verfügen (s.o.), so dürfte er daher – vorbehaltlich etwaiger DBA-Regelungen (vgl. u.) – allenfalls mit seinen inländischen Einkünften (§ 49 EStG i.V.m. § 8 KStG) nach § 2 KStG der deutschen beschränkten Körperschaftsteuerpflicht unterfallen.

3.1.3 Auflösung eines trust

Korrespondierend zur Rechtslage bei Errichtung eines trust (s.o.) handelt es sich ebenfalls bei dessen Auflösung nicht um einen ertragsteuerpflichtigen Vorgang – vorausgesetzt, die im ausländischen trust gehaltenen, dem Privatvermögen angehörenden Wirtschaftsgüter wurden zur Erzielung von Überschusseinkünften eingesetzt; allein bei ratenweiser Auskehrung (i.S.v. § 22 Nr. 1 EStG) des trust-Vermögens unterliegt dieser Vorgang der Besteuerung. Wurden die betreffenden Gegenstände auf trust-Ebene dagegen im Betriebsvermögen gehalten und mit Beendingung des trust in das Privatvermögen der beneficiaries überführt, so ist ein nach § 4 Abs. 1 S. 2 EStG steuerpflichtiger Entnahmetatbestand (vgl. auch § 6 Abs. 1 Nr. 4 EStG) verwirklicht.[69]

---

[66] Vgl. BFH, 5.11.1992 (Fn. 20); 2.2.1994 (Fn. 26), 728; BMF, 14.5.2004 (Fn. 39), Tz. 15. 4. Zum Verhältnis beider Begriffe zueinander: *Winkler*, Die steuerliche Subjektqualifikation des Private Express Trust, 2001, S. 103 f. m. w. N.

[67] Hinsichtlich *trusts* aus einem *mixed legal system* wie z. B. Schottland siehe *Wienbracke*, IWB Fach 5 Gruppe 2 S. 417 (418 f.).

[68] BGH, 13.6.1984- IVa ZR 196/82, IPRax 1985, 221 (223 f.) m. Anm. *Kötz*, a.a.O., S. 205.

[69] Siehe die Nachweise in Fn. 8.

3.2   DBA-Ebene

Sofern es aufgrund der zivilrechtlichen Nichtanerkennung von trusts im Anwendungsbereich des deutschen Zivilrechts (vgl.o.) überhaupt zu Fallgestaltungen kommen sollte, bei denen deutsche Quellensteuer auf Erträge erhoben wird, deren zugehöriger Vermögensstamm in trust gehalten wird, so stellt sich diesbezüglich insbesondere die Frage, wem im Falle des Steuerabzugs (z.B. in Gestalt von Kapitalertragsteuer nach §§ 43 ff. EStG) die etwaige Differenz zum Abkommenssatz gem. § 50d Abs. 1 S. 2, 3 EStG, § 37 Abs. 2 AO zu erstatten ist.[70] Gilt Entsprechendes für die umgekehrte Situation (BRD als Wohnsitzstaat des beneficiary), so dürfte sich angesichts der trust-Feindlichkeit des deutschen Zivilrechts der trust(ee) kaum einmal i.S.v. Art. 4 OECD-MA in Deutschland befinden (vgl.o.).

Um in den Genuss einer abkommensrechtlichen Begrenzung des Quellensteuerhöchstsatzes – beispielsweise für Kapitalerträge nach dem Vorbild von Art. 10 Abs. 2 OECD-MA – zu gelangen, ist erforderlich, dass der „Nutzungsberechtigte der Dividenden eine in dem anderen Vertragsstaat ansässige Person" ist.[71]

3.2.1   Person

Der DBA-rechtliche Personenbegriff wird in Art. 3 Abs. 1 lit. a) OECD-MA definiert. Während er sich bzgl. natürlicher Personen nach dem Steuerrecht des Anwenderstaates bemisst,[72] so ist umstritten, ob dies auch im Hinblick auf juristische Personen (Art. 3 Abs. 1 lit. b) OECD-MA) zutrifft[73] oder es sich nicht vielmehr bei „jede[r] nach dem Recht eines (beliebigen) Staates errichtete[n] juristische[n] Person"[74] um eine „Gesellschaft" i.S.v. Art. 3

---

[70] Zu § 50a Abs. 4 EStG siehe BMF, 7.5.2002- IV B 4- S 2293-26/02, BStBl. I 2002, 521.

[71] Vgl. ferner Art. 11 (Zinsen) und 12 (Lizenzgebühren) OECD-MA.

[72] *Vogel*, in: ders./Lehner, DBA, 4. Auflage 2003, Art. 3 Rdnr. 12; *Wassermeyer*, in: Debatin/Wassermeyer, DBA, Art. 3 MA Rdnr. 12.

[73] So *Wassermeyer*, in: Debatin/Wassermeyer, DBA, Art. 3 MA Rdnr. 18 m.w.N.

[74] *Vogel*, in: ders./Lehner, DBA, 4. Auflage 2003, Art. 3 Rdnr. 13 m.w.N.

Abs. 1 lit. b) OECD-MA handelt. Wird der im anglo-amerikanischen Rechtskreis zivilrechtlich nicht mit eigener Rechtspersönlichkeit ausgestattete trust (s.o.) dort nicht stets zugleich auch für Besteuerungszwecke als conduit, sondern insofern mitunter wie eine juristische Person als eigenständiger Rechtsträger behandelt[75] (vgl. Art. 3 Abs. 1 lit. b) OECD-MA), so trifft Letzteres in den o.g. Fällen der § 1 Abs. 1 Nr. 5 bzw. § 2 KStG ebenfalls auf das deutsche Steuerrecht zu. Neben dem settlor, beneficiary und trustee kommt daher im vorbezeichneten Umfang auch der trust selbst als Person i.S.v. Art. 3 Abs. 1 lit. b) OECD-MA – und damit u.a. i.S.v. Art. 10 Abs. 2 OECD-MA – in Betracht.[76] Ausdrücklich als Person i.S.d. jeweiligen DBA anerkannt wird der trust in Art. 3 Abs. 1 lit. c) DBA Philippinen und Nr. 1 des Protokolls zu Art. 3 DBA Simbabwe.

3.2.2   Ansässigkeit

Zur Bestimmung der Ansässigkeit einer Person aufgrund ihres Wohnsitzes, ständigen Aufenthalts, des Ortes ihrer Geschäftsleitung oder eines anderen ähnlichen Merkmals verweist Art. 4 Abs. 1 OECD-MA auf innerstaatliches Recht, d.h. aus deutscher Perspektive vornehmlich auf die §§ 8 bis 11 AO.[77] Dürfte die Anwendung dieser Vorschriften in Bezug auf die Person des settlor, beneficiary und trustee wohl kaum einmal Probleme bereiten, so ist insoweit, als das deutsche Steuerrecht dem trust Subjekt-

---

[75] Kanada: *Waters*, Bulletin for International Taxation 1999, S. 118 (126); USA: *Kozusko/Vetter*, in: Lyons/Wheeler (Hrsg.), The International Guide to the Taxation of Trusts, United States, 1. 4.

[76] *Seibold*, IStR 1993, 545 (549); *Haarmann*, Forum der Internationalen Besteuerung 7 (1996), S. 151 (165).

[77] *Wassermeyer*, in: Debatin/Wassermeyer, DBA, Art. 4 MA Rdnr. 32, 36, 38 ff.; *Lehner*, in: Vogel/Lehner, DBA, 4. Auflage 2003, Art. 4 Rdnr. 36 f., 43, 45.

qualität zumisst, bereits ausgeführt worden, dass dessen Ansässigkeit in Deutschland regelmäßig wohl zu verneinen sein wird (s.o.).[78]

3.2.3   Nutzungsberechtigung

Wird der Kreis der nach Art. 10 Abs. 2 OECD-MA potenziell Abkommensberechtigten durch die Kriterien „Person" und „Ansässigkeit" damit in gewissem Umfang eingegrenzt, so verbirgt sich das eigentliche Problem hinsichtlich dessen Ermittlung im Rahmen von trust-Gestaltungen jedoch hinter dem Begriff des „Nutzungsberechtigten".

3.2.3.1   DBA-rechtliche Konkretisierungen

In vergleichsweise wenigen[79] DBA(-Protokollen) mit deutscher Beteiligung wird dieser Begriff[80] näher konkretisiert, wobei – soweit ersichtlich – allein Nr. 4a des Protokolls zum DBA Neuseeland eine Regelung speziell in Bezug auf trusts trifft: „For the purposes of Articles 10, 11 or 12,

---

[78] Die in Art. 4 Abs. 1 lit. b) DBA USA 1989 (dazu: Art. 4 Abs. 5 Technical Explanation 1990) enthaltene Regelung betreffend *trusts* ("For the purposes of this Convention, the term ‚resident of a Contracting State' means any person who, under the laws of that State, is liable to tax therein by reason of his domicile, residence, place of management, place of incorporation, or any other criterion of a similar nature, provided, however, that: [...] in the case of income derived or paid by a [...] trust, this term applies only to the extent that the income derived by such [...] trust is subject to tax in that State as the income of a resident, either in its hands or in the hands of its [...] beneficiaries") findet in dessen Fassung von Art. II des (noch nicht in Kraft getretenen) Protokolls 2006 keine Entsprechung mehr.

[79] Auch Nr. 10 des Protokolls 1989 zum DBA USA ("A Contracting State shall deem the recipient of dividends, interest, or royalties who is a resident of the other Contracting State to be the beneficial owner for the purposes of Articles 10, 11, and 12 if the recipient is the person to which the income is attributable for tax purposes under the laws of the first-mentioned State") findet nach Aufhebung durch Art. XVI des (noch nicht in Kraft getretenen) Protokolls 2006 in Letzterem keine Entsprechung mehr.

[80] Bzgl. Unternehmensgewinnen vgl. Art. 7 Abs. 8 des noch nicht in Kraft getretenen DBA Papua Neu-Guinea.

dividends, interest or royalties in respect of which a trustee is subject to tax in New Zealand shall be treated as being beneficially owned by the trustee." Allgemeiner gehalten ist demgegenüber Nr. 7 des Protokolls zum DBA Australien: „The references in Articles 10 to 12 of the Agreement to dividends, interest or royalties paid to a resident of a Contracting State refer to dividends, interest or royalties to which a resident of the Federal Republic of Germany is beneficially entitled, and to dividends, interest or royalties to which a resident of Australia is entitled (bezugsberechtigt), being economically the owner (wirtschaftlicher Eigentümer) of the assets on which the dividends, interest or royalties are paid, as the case maybe."[81]

3.2.3.2   DBAs ohne Begriffskonkretisierung

Sofern der Begriff des Nutzungsberechtigten im jeweiligen DBA dagegen nicht näher konkretisiert wird, geben Ziff. 12 und 12.1 des OECD-Kommentars zu Art. 10 OECD-MA einen ersten Anhaltspunkt für die Begriffsinterpretation.[82] Danach sei der Quellenstaat nicht allein deshalb dazu verpflichtet, Besteuerungsrechte über Dividenden aufzugeben, nur weil die Einkünfte unmittelbar von einer Person entgegengenommen werden, die in dem anderen Vertragsstaat ansässig ist. Denn der Ausdruck „Nutzungsberechtigter" sei nicht in einem engen technischen Sinn zu verstehen, sondern vielmehr im Lichte des Zwecks von DBAs (v.a.: Vermeidung von Doppelbesteuerung und Verhütung von Steuerhinterziehung) auszulegen. Mangels steuerlicher Behandlung als Nutzungsberechtigter im Ansässigkeitsstaat, d.h. fehlender Doppelbesteuerungssituation, genüge die unmittelbare Entgegennahme von Einkünften durch eine in einem Vertragsstaat ansässige Person in ihrer Eigenschaft als Vertreter, Beauftragter oder sonstige Durchlaufstation für einen anderen, der in

---

[81] Zu beiden Abkommensbestimmungen siehe *Killius*, in: Conson (Hrsg.), FS Walter, 1988, S. 63 (67).

[82] Die im Schrifttum insoweit unterbreiteten Vorschläge variieren, siehe die Nachweise bei *Wheeler*, Bulletin for International Taxation 2005, S. 477. Vgl. auch Art. 2 Richtlinie 2003/48/EG des Rates vom 3.6.2003 im Bereich der Besteuerung von Zinserträgen, Abl. L 157 v. 26. 6. 2003, S. 38, ber. Abl. L 103 v. 22. 4. 2005, S. 41. Speziell im Hinblick auf *trusts: Avery Jones* u.a., European Taxation 1989, S. 379.

Wirklichkeit in den Genuss der fraglichen Einkünfte kommt, daher nicht, um sie unter den Begriff des Nutzungsberechtigten zu subsumieren.

Sei den „2002 Reports Related to the OECD Model Tax Convention"[83] zufolge offensichtlich, dass durch die Verwendung des Merkmals „Nutzungsberechtigter" (engl.: beneficial owner) die „bare legal ownership" als Kriterium zur Bestimmung des Abkommensberechtigten ausgeschlossen werde, so scheint dies im Hinblick auf trusts den Schluss nahe zu legen, dass der trustee aufgrund seiner Stellung gerade als legal owner des trust property –im Gegensatz zum beneficiary mit seinem equitable interest –a priori nicht als Nutzungsberechtigter in Betracht kommt.[84] Als weniger generalisierend stellt sich dagegen der in Ziff. 12.1 MA-Kommentar zu Art. 10 OECD-MA in Bezug genommene Bericht des Steuerausschusses über „Double Taxation Conventions and the Use of Conduit Companies" dar. Diesem zufolge sei normalerweise (!) davon auszugehen, dass eine Durchlaufgesellschaft nicht als Nutzungsberechtigter angesehen werden kann, wenn (!) sie, obwohl formal nutzungsberechtigt, praktisch nur sehr enge Befugnisse hat, die sie in Bezug auf die fraglichen Einkünfte lediglich zu einem für Rechnung der interessierten Parteien handelnden Treuhänder oder Verwalter machen. Wird Letzteres wohl ohne weiteres auf einen (revocable) fixed interest (grantor) trust zutreffen, so dürfte die Beurteilung eines irrevocable (accumulation) discretionary trust mit power of appointment beim trustee dagegen weitaus schwieriger fallen – und Letzterer auch wohl kaum mehr als „bare" legal owner im o. g. Sinn zu bezeichnen sein.

Anhand welchen Maßstabs der Begriff „Nutzungsberechtigter" allerdings überhaupt auszulegen ist, abkommensautonom oder gemäß dem jeweiligen nationalen Steuerrecht, ist streitig.[85] Berufen sich die Vertreter

---

[83] *OECD*, Nr. 8, Tz. 23.

[84] Vgl. auch Art. 1 Abs. 4 Richtlinie 2003/49/EG des Rates v. 3.6.2003 über eine gemeinsame Steuerregelung für Zahlungen von Zinsen und Lizenzgebühren zwischen verbundenen Unternehmen verschiedener Mitgliedstaaten, Abl. EG L 157 v. 26. 6. 2003, S. 49.

[85] Hierzu etwa: *Danon*, Intertax 2004, 210 m.w.N.

der erstgenannten Ansicht darauf, dass außerhalb des anglo-amerikanischen Rechtskreises das Konzept der „beneficial ownership" in präziser Umschreibung gänzlich unbekannt sei und daher „der Zusammenhang [...] anderes" (Art. 3 Abs. 2 OECD- MA) als das von den Anhängern der an zweiter Stelle erwähnten Auffassung erfordere,[86] so argumentieren Letztere damit, dass insofern deshalb auf das innerstaatliche Recht des Anwenderstaates[87] zu rekurrieren sei, weil eine Steuerpflicht durch DBAs nicht begründet werde, sondern deren Steuerbefreiungs-/-ermäßigungsnormen vielmehr an die durch nationales Recht überhaupt erst geschaffene Steuerpflicht anknüpften.[88]

Sofern man sich dieser Sichtweise anschließen wollte, so führt dies aus deutscher Perspektive hinsichtlich der Zurechnung von Einkünften aus Kapitalvermögen i.S.v. § 20 Abs. 1 Nr. 1 und 2 EStG dazu, dass diese gem. § 20 Abs. 2a S. 2 EStG demjenigen zugerechnet werden, dem im Zeitpunkt des Gewinnverteilungsbeschlusses die Anteile am Kapitalvermögen i.S.v. § 20 Abs. 1 Nr. 1 EStG nach § 39 AO zuzurechnen sind. Sei insoweit auf die obigen Ausführungen zur Zurechnung des wirtschaftlichen Eigentums an in trust gehaltenen Wirtschaftgütern Bezug genommen, so gilt nach § 20 Abs. 2a S. 3 EStG Abweichendes für den Fall, dass die vorbezeichneten Einnahmen einem Nießbraucher[89] oder Pfandgläubiger zugerechnet werden können. Wird diesbzgl. im Hinblick auf testamentary trusts eine Parallele zum Vermächtnisnießbrauch gezogen und bei grantor trusts mit alleiniger Ertragsberechtigung des settlor ein Vergleich zum Vorbehaltsnießbrauch angestellt, so sei es im ersten Fall

---

[86] *Vogel*, in: ders./Lehner, DBA, 4. Auflage 2003, Vor Art. 10-12 Rdnr. 15 m.w.N.

[87] Siehe aber auch OECD-Kommentar zu Art. 10 OECD-MA, Tz. 12.1 („the recipient is not treated as the owner ofthe income for tax purposes in the State of residence") und US Treasury, United States Model Income Tax Convention 20.9.1996 Technical Explanation, Tz. 286 („internal law principles of the source State may be applied to identify the beneficial owner of an item of income").

[88] Allgemein: *Wassermeyer*, in: Debatin/Wassermeyer, DBA, Vor Art. 6-22 Rdnr. 15. Speziell zu *trusts* vgl. *Killius*, in: Conson (Hrsg.), FS Walter, 1988, S. 63 (68).

[89] Hierzu: BMF, 23.11.1983- IV B 1- S 2253- 90/83, BStBl. I 1983, 508, Tz. 55 ff.

der zwischennutzungsberechtigte beneficiary[90] und im zweiten Fall der settlor,[91] der Einkünfte aus Kapitalvermögen erziele und folglich den Erstattungsantrag stellen könne. Zudem erfüllten die beneficiaries den Tatbestand der Einkünfteerzielung zumindest auch dann in eigener Person, wenn ihr beneficial interest mit entsprechenden Verwaltungsbefugnissen verbunden sei.[92]

3.3 Zusammenfassung

Abhängig von der jeweiligen Ausgestaltung des konkret zu beurteilenden trust wird dieser ertragsteuerlich entweder vollständig ignoriert, d.h. die mit diesem erzielten Einkünfte den „hinter" dem trust stehenden Personen zugerechnet, oder, falls sich der betreffende trust nicht als derart transparent darstellen sollte, das trust-Einkommen und -Vermögen primär dem settlor bzw. subsidiär den beneficiaries nach § 15 Abs. 1, 4 AStG zugerechnet. Nur falls auch diese Zurechnungsbesteuerung nicht Platz greift, kann der trust selbst der deutschen Körperschaftsteuerpflicht unterfallen und sind tatsächlich erfolgende Ausschüttungen aus ihm unter den Voraussetzungen des § 22 Nr. 1 EStG einkommensteuerpflichtig. Bei der Gründung sowie der Auflösung eines trust wird es sich dagegen nur ausnahmsweise um ein jeweils ertragsteuerpflichtiges Ereignis handeln. Nach umstrittener Auffassung gelangen die innerstaatlichen Regelungen betreffend die Zurechnung von Einkünften ebenfalls auf DBA-Ebene zwecks Ausfüllung des dort regelmäßig anzutreffenden Begriffs des „Nutzungsberechtigten" zur Anwendung.

---

[90] Vgl. *Killius*, in: Conson (Hrsg.), FS Walter, 1988, S. 63 (69 f.).

[91] Vgl. *Siemers/Müller*, IStR 1998, 384 (390).

[92] *Winkler*, Die steuerliche Subjektqualifikation des Private Express Trust, 2001, S. 171.

4   Trusts im deutschen Erbschaft- und Schenkungsteuerrecht[1] [2]

4.1   Einleitung

Auf jährliche Steuermehreinnahmen i.H.v. 150 Mio. DM[3] hoffend, hat der Gesetzgeber mit Wirkung für Erwerbe, für die die Steuer nach dem 4.3.1999 entstanden ist oder entsteht[4], den aus wirtschaftlicher Perspektive einstufigen[5] Vermögenstransfer vom settlor auf den beneficiary via des trust-Vehikels in zwei jeweils selbständig steuerpflichtige Vorgänge künstlich aufgespalten, um mittels dieser ökonomischen Doppelbesteuerung[6] zu verhindern, dass trusts weiterhin zur vollständigen Umgehung bzw. zeitlichen Verzögerung des Eintritts der deutschen Erbschaft-/Schenkung-

---

[1] Nachdruck des vom Verfasser unter dem Titel „Die erbschaft- und schenkungsteuerliche Behandlung von trusts in Deutschland" in SteuerRevue 2007, S. 409-416 und 490-503 erstveröffentlichten Aufsatzes. Lediglich die Formatierung wurde geändert und vom Abdruck der dortigen Inhaltsübersicht sowie des Anhangs (Auszüge aus dem ErbStG) abgesehen.

[2] Der vorliegende Beitrag wurde im Herbst 2006 im Rahmen der Referendarwahlstelle des Verfassers beim IBFD fertiggestellt. Nachfolgendes Material, insbesondere der Beschluss des Bundesverfassungsgerichts vom 7.11.2006, 1 BvL 10/02, DStR 2007, S. 235 zur Verfassungswidrigkeit der erbschaft- und schenkungsteuerlichen Bewertung, konnte grundsätzlich nicht mehr berücksichtigt werden.

[3] BT-Drucks. 14/265 vom 13.01.1999, S. 166.

[4] § 37 Abs. 1 ErbStG in der Fassung des Steuerentlastungsgesetzes 1999/2000/2002 vom 24.3.1999, BGBl. I 1999, S. 402.

[5] *Meincke*, ErbStG, 14. Auflage 2004, § 20 Rz. 9a.

[6] *Klein*, Intertax 2000, S. 322 (323).

steuerpflicht (sog. „Steuerstundungseffekt") eingesetzt werden[7]. Zu diesem Zweck wird dem trust ungeachtet seiner Nichtanerkennung im deutschen[8] – auch beim G-REIT wird es sich nur dem Namen nach um einen „trust" in der Rechtsform einer AG handeln[9] – und seiner fehlenden Rechtsfähigkeit im jeweiligen ausländischen[10] Zivilrecht[11] auf Ebene der Steuertatbestände implizit Rechtsfähigkeit als Tatsubjekt zuerkannt. Folge dessen ist, dass nunmehr bereits die Bildung/Ausstattung eines trust als steuerpflichtige Vermögensübertragung vom settlor auf den trust selbst fingiert wird (§§ 3 Abs. 2 Nr. 1 S. 2, 7 Abs. 1 Nr. 8 S. 2 ErbStG) und bei Ausschüttungen aus dem trust an die beneficiaries ein zweites Mal Erbschaft-/Schenkungsteuer anfällt, § 7 Abs. 1 Nr. 9 S. 2 ErbStG[12]. Auf Ebene des Steuerschuldverhältnisses (vgl. § 37 AO) ist der Gesetzgeber sogar so weit gegangen, dem trust in den Fällen der §§ 3 Abs. 2 Nr. 1 S. 2 und 7 Abs. 1 Nr. 8 S. 2 ErbStG partielle (Steuer-)Rechtsfähigkeit zu verleihen, um dieses im Übrigen nicht rechtsfähige Gebilde als – z.T. alleinigen – Steuerschuldner in Anspruch nehmen zu können, § 20 Abs. 1 S. 2 ErbStG. Neben den im Schrifttum gegenüber Details dieser nachfolgend näher behandelten Regelungen geäusserten Bedenken verfassungs-, europa- und völkerrechtlicher Art wird teilweise auch bereits dieses vom Gesetzgeber gewählte Konzept als solches für mit dem Charakter der deutschen Erbschaft-/ Schenkungsteuer als

---

[7] So die Gesetzesbegründung, BT-Drucks. 14/23 vom 9.11.1998, S. 200. Ob nach alter Rechtslage (hierzu etwa *Schindhelm/Stein*, StuW 1999, S. 31 (41 ff.) m. w. N. und Fn. 89) mittels *trusts* wirklich eine vollständige Vermeidung von deutscher Erbschaft-/ Schenkungsteuer – oder nicht vielmehr lediglich ein diesbzgl. „Steueraufschub" – zu bewerkstelligen war, erscheint allerdings fraglich.

[8] Grundlegend: *Kötz*, Trust und Treuhand, 1963.

[9] Nachtrag: So nunmehr explizit § 1 Abs. 1 des rückwirkend zum 1.1.2007 in Kraft getretenen REIT-Gesetzes.

[10] Siehe nur Schlosser Report, OJ Nr. C 59/71 vom 05.03.1979, Tz. 113.

[11] Im kanadischen Einkommensteuerrecht etwa wird der *trust* dagegen als eigenständige Person besteuert, siehe *Waters*, Bulletin for International Taxation 1999, S. 118 (126).

[12] Eine Zusammenstellung der speziell zu *trusts* ergangenen erbschaft-/schenkungsteuerlichen Vorschriften befindet sich im Anhang zu diesem Beitrag [hier nicht abgedruckt].

Erbanfall, und nicht als Nachlasssteuer, sowie mit dem grundgesetzlich (Art. 14 Abs. 1 GG) geschützten Verwandtenerbrecht unvereinbar gehalten[13].

4.2 „Vermögensmasse ausländischen Rechts, deren Zweck auf die Bindung von Vermögen gerichtet ist"

Wenngleich in den zuvor zitierten Vorschriften – ebenso wie im ursprünglichen Gesetzesantrag des Landes Hessen[14] und abweichend vom Zwischenentwurf[15] – der trust nicht mehr ausdrücklich als solcher genannt wird, sondern stattdessen nunmehr die Formulierung „Vermögensmasse ausländischen Rechts, deren Zweck auf die Bindung von Vermögen gerichtet ist" Eingang in den Gesetzestext gefunden hat, so doch lediglich deshalb, weil zusätzlich zu dem nach den Gesetzesmaterialien[16] primär erfassten trust noch weitere ausländische Rechtsformen unter die mittlerweile mehr als sieben Jahre alten „Neu"-Regelungen fallen sollen.

Kommt dem in der rechtswissenschaftlichen Literatur[17] nicht unumstrittenen Begriff des Zweckvermögens („Vermögensmasse [...], deren Zweck") folglich nunmehr auch im Rahmen der erbschaft-/schenkungsteuerlichen Behandlung von trust-Gestaltungen zentrale Bedeutung zu, so stellen sich aufgrund der verfassungsrechtlich (Art. 20 Abs. 3 GG) fragwürdigen[18] Unbestimmtheit dieses „Begriffsungetüms" zahlreiche Auslegungsprobleme im Detail.

---

[13] *Gebel*, ZEV 1999, S. 249 (253); *ders.*, in: Troll/Gebel/Jülicher, ErbStG § 20 Rz. 42 ff.

[14] BR-Drucks. 208/98 vom 2.3.1998, S. 2.

[15] BT-Drucks. 14/23 vom 9.11.1998, S. 120.

[16] BT-Drucks. 14/443 vom 3.3.1999, S. 41 („insbesondere"). Ebenso: FinMin. NRW, Erlass vom 6.4.1999, S 3730 – 32 – V A 2, DStR 1999, S. 718 (719); FinMin. BW, Erlass vom 22.4.1999 – 34 – S 3780/8, DB 1999, S. 937 (938).

[17] Siehe insbesondere *Schmidt*, VerwArch 60 (1969), S. 295 und 61 (1970), S. 60.

[18] Etwa: *Carlé*, ErbStB 2003, S. 235 (236); *Jochum*, in: Wilms, ErbStG, § 20 Rz. 63.

4.2.1   „Vermögensmasse"

Als Ausgangspunkt für die nähere Begriffsinterpretation[19] mag an den Charakter der Neuregelungen als sog. „anti-avoidance provisions" angeknüpft werden. Wie einleitend erwähnt, war die Einführung der §§ 3 Abs. 2 Nr. 1 S. 2, 7 Abs. 1 Nr. 8 S. 2 und Nr. 9 S. 2 ErbStG dadurch motiviert, dass unter der alten Rechtslage bis zum Eintritt der jeweiligen aufschiebenden Bedingung (vgl. § 9 Abs. 1 Nr. 1 lit. a) ErbStG, § 4 BewG) regelmässig keine der beteiligten Personen (settlor, trustee, beneficiary) oder gar der trust selbst um das in diesem gehaltene Vermögen bereichert und damit auch der erbschaft-/schenkungsteuerliche Zugriff seitens des deutschen Fiskus entsprechend hinausgezögert war. Der auf Schliessung eben dieser Lücke gerichtete Telos der vorgenannten Erwerbstatbestände mitsamt ihren Folgeregelungen (§§ 9 Abs. 1 Nr. 1 lit. c) Alt. 2, 15 Abs. 2 S. 2 Hs. 2 und 20 Abs. 1 S. 2 ErbStG) gebietet es daher, eine Selbständigkeit der „Vermögensmasse" zu fordern. Die diese Masse bildenden Gegenstände müssen das Vermögen ihres vormaligen Inhabers (des settlor) verlassen haben, ohne bereits in das eines anderen Steuerrechtssubjekts (namentlich des beneficiary) gelangt zu sein[20].

Jedenfalls deshalb, weil es sich bei der Vermögensmasse zudem um eine solche des „ausländischen Rechts" (s.u.) handeln muss, bei deren bisheriger „zweistufiger Objektqualifikation" auf wirtschaftliche – und nicht auf formal-juristische – Gesichtspunkte abzustellen war[21], und da die Neuregelungen ihrem Sinn und Zweck entsprechend gerade an die Stelle dieser aus wirtschaftlicher Sicht vorzunehmenden Einordnung von trusts in das ErbStG getreten sind (s.u.), ist im Hinblick auf die Selbständigkeit der

---

[19] Schulmässig: *Schindhelm/Stein*, FR 1999, S. 880 (881 ff.).

[20] Vgl. die in Fn. 22 und 23 Genannten. Zum Begriff „Zweckvermögen" siehe BFH, Urteil vom 19.12.1953, Vz 71/85 U, BStBl. III 1953, S. 54 (56) unter Hinweis auf die RFH-Rechtsprechung.

[21] So die st. Rspr., etwa BFH, Urteil vom 12.1.1973, III R 30/72, BStBl. II 1973, S. 440 (442) m.w.N. Kritisch hierzu: *Crezelius*, Erbschaft und Schenkungsteuer in zivilrechtlicher Hinsicht, 1979, S. 33 f.

Vermögensmasse entgegen einigen Stimmen aus der Literatur[22] m.E. nicht auf die zivilrechtliche Eigentumslage, sondern vielmehr auf die wirtschaftliche Zurechnung der betreffenden Wirtschaftsgüter (vgl. § 39 AO) abzustellen[23]. Bestehen im Rahmen des auf das deutsche Privatrecht zugeschnittenen ErbStG grundsätzlich zwar Bedenken gegenüber der Einnahme einer wirtschaftlichen Betrachtungsweise[24], so hat der Gesetzgeber mit den am 5.3.1999 in Kraft getretenen Neuregelungen diese Massgeblichkeit des Zivilrechts für das Steuerrecht zugunsten einer ökonomischen Perspektive doch selbst partiell durchbrochen[25].

Ein Abgleich der verschiedenen trust-Formen[26] mit diesem Selbständigkeitspostulat zeigt, dass sich die in den Gesetzgebungsmaterialien anzutreffende Nennung des „trust" als Beispiel für eine Vermögensmasse im vorgenannten Sinne als zu pauschal erweist. Vielmehr entscheidet dessen konkrete Ausgestaltung im jeweiligen Einzelfall darüber, ob das betreffende Konstrukt unter die Neuregelungen zu subsumieren ist[27]. Wenn auch die rechtliche Trennung von legal title, den der trustee hält, und equitable interest, welches beim beneficiary liegt, als strukturprägendes Merkmal von common law trusts regelmässig zugleich die geforderte wirtschaftliche Verselbständigung des in einem solchen gehaltenen Vermögens zur Folge hat (Paradebeispiel: non-grantor irrevocable discre-

---

[22] *Bödecker*, IWB Fach 3 Gruppe 9 S. 135 (137); *Jülicher*, in: Troll/Gebel/Jülicher, ErbStG, § 2 Rz. 123.

[23] Ebenso: *Füger/von Oertzen*, IStR 1999, S. 11 (13); *Söffing/Kirsten*, DB 1999, S. 1626 (1628); *Verstl*, Der internationale Trust als Instrument der Vermögensnachfolge, 2000, S. 98. A.A.: *Schindhelm/Stein*, Fn. 19, S. 885; *Winkler*, Die steuerliche Subjektqualifikation des Private Express Trust, 2001, S. 208.

[24] BFH, Urteil vom 30.6.1960, II 254/57 U, BStBl. III 1960, S. 348 (349) m.w.N.; vom 22.9.1982, II R 61/80, BStBl. II 1983, S. 179 (180); vom 26.11.1986, II R 190/81, BStBl. II 1987, S. 175 (176).

[25] Vgl. *Füger/von Oertzen*, Fn. 23, S. 13; *Flick*, in: Kleindam (Hrsg.), FS Fischer, 1999, S. 539 (547); *Habammer*, DStR 2002, S. 425 (430).

[26] Zu diesen etwa: *Wienbracke*, English and Scots trusts under the German Inheritance and Gift Tax Act (ErbStG), 2005, S. 23 ff. m.w.N.

[27] *Söffing/Kirsten*, Fn. 23, S. 1627.

tionary trust), so weisen die im Folgenden genannten trust-Typen doch jeweils Besonderheiten von solchem Gewicht auf, die Anlass zu einer näheren Betrachtung ihrer erbschaft-/schenkungsteuerlichen Handhabung geben.

Einmütigkeit besteht darin, dass sog. voting trusts, bei denen lediglich die Stimmrechtsmacht auf den trustee übertragen wird, der shareholder seine Stellung als Anteilsinhaber aber beibehält[28], mangels eines Vermögenstransfers nicht unter die Neuregelungen fallen[29]. Als bis zur Entscheidung des FG Rheinland Pfalz vom 14.3.2005[30] im Schrifttum ebenfalls unstreitig tatbestandslos galt es ferner, wenn sich der „settlor" gegenüber dem „trustee" ausnahmsweise[31] alle massgeblichen Verwaltungsbefugnisse vorbehalten hat, wurde hierin doch ein erbschaft-/schenkungsteuerlich irrelevantes Treuhandverhältnis[32] gesehen[33].

Beim grantor trust befinden sich legal title und equitable interest zwar ebenfalls in den Händen von verschiedenen Personen. Doch wie andernorts[34] bereits näher ausgeführt, sind inhaltliche Ausgestaltung sowie Per-

---

[28] Vgl. *Wolfram*, RIW 2001, S. 676 (677) m.w.N.

[29] *Halaczinsky*, NWB Fach 10 S. 905 (906); *Jülicher*, Fn. 22, § 2 Rz. 123a.

[30] 4 K 1590/03, EFG 2005, S. 981 (982 f.) (n. rkr.) m. Anm. *Fumi* und Anm. *Olgemöller*, ZEV 2005, S. 452 (hierzu: OFD Karlsruhe, Verfügung vom 1.8.2005, S 1928 A – St 333, DStR 2005, S. 1533) entgegen BMF, Schreiben vom 16.9.2004, IV A 4 – S 1928 – 120/04, Ergänzende Informationen zum Strafbefreiungserklärungsgesetz, Antwort zu Frage 19.

[31] Vgl. von Overbeck Report, Tz. 47; *Waters*, Fn. 11, S. 124 f.

[32] Hierzu: *Jülicher*, DStR 2001, S. 2177; *Wachter*, DStR 2005, S. 1844.

[33] *Habammer*, Fn. 25, S. 430 f.; *Moench*, in: ders. /Kien-Hümbert/Weinmann, ErbStG, § 3 Rz. 203; *Jülicher*, Fn. 22, § 2 Rz. 123a.

[34] *Wienbracke*, Fn. 26, S. 62 ff.; *ders.*, IWB Fach 5 Gruppe 2 S. 417 (419 ff.).

sonengeflecht eines fixed[35] grantor[36] trust letztlich mit dem einer fremdnützigen Verwaltungstreuhand nach deutschem Recht vergleichbar. Ebenso wie der bloss fiduziarische Vermögenserwerb ist damit aber auch der Vermögenstransfer vom settlor auf den trustee eines fixed grantor trust – und später wieder zurück (vgl. u.) – erbschaft-/schenkungsteuerlich neutral. Eine selbständige Vermögensmasse wird hierdurch nicht geschaffen[37].

Ist diese Sichtweise nicht völlig frei von Einwänden[38], so entzündet sich der Hauptstreitpunkt im vorliegenden Zusammenhang allerdings an der Frage, ob die sich vom settlor bei der trust-Gründung vorbehaltene Möglichkeit des Widerrufs des trust ausreichend ist, um trusts dieser Kategorie (revocable trusts) die Eigenschaft einer selbständigen Vermögensmasse ebenfalls abzusprechen[39]. Zugunsten der Qualifizierung auch eines revocable trust als Vermögensmasse i.S.d. ErbStG wird neben der Gesetzesbegründung, die in unterstellter Kenntnis der unterschiedlichen trust-Typen nicht weiter zwischen diesen differenziere[40] sowie der ebenfalls bei dieser Art von trusts vorhandenen Eigentumsspaltung[41] teilweise

---

[35] Anders dagegen bei einer Kombination von *discretionary trust* und *grantor trust*. Denn in einem solchen Fall steht die (Rück-)Erlangung von *trust*-Erträgen/Substanz durch den *settlor* gerade nicht sicher fest. Wie hier: *Verstl*, Fn. 23, S. 77; *Winkler*, Fn. 23, S. 211 f.

[36] Vorliegend wird von einem derart ausgestalteten *grantor trust* ausgegangen, dass der *settlor* sowohl alleiniger Ertrags- als auch einziger Substanzbegünstigter ist.

[37] *Söffing/Kirsten*, Fn. 23, S. 1631; *Jülicher*, Fn. 32, S. 2182 f. unter Hinweis auf BFH, Urteil vom 25.1.2001, II R 39/98, BFH/NV 2001, S. 908 und Beschluss vom 1.2.2001, II B 15/00, BFH/NV 2001, S. 1265.

[38] Vgl. die in Fn. 140 Genannten.

[39] Vgl. Fn. 30.

[40] Vgl. *Halaczinsky*, Fn. 29, S. 906; *Schindhelm/Stein*, Fn. 19, S. 882; *Habammer*, Fn. 25, S. 430.

[41] *Habammer*, Fn. 25, S. 430; *Jülicher*, Fn. 22, § 2 Rz. 123.

ferner noch auf die BFH-Rechtsprechung betreffend Schenkungen unter freiem Widerrufsvorbehalt rekurriert[42].

Zum gegenteiligen Ergebnis muss freilich zumindest im Grundsatz gelangen, wer wie hier aus o.g. Gründen nicht eine rechtlich, sondern vielmehr eine wirtschaftlich selbständige Vermögensmasse fordert[43]. Denn bei Lichte besehen ist die Position des settlor beim revocable trust mit der beim o.g. fixed grantor trust im Wesentlichen vergleichbar. Steht im letztgenannten Fall der spätere Rückfall des trust-Vermögens an den settlor definitionsgemäss von vornherein fest, so ist dieses Ergebnis auch hinsichtlich der erstgenannten trust-Form einzig vom Willen des settlor abhängig. Allein der Umstand, dass der settlor sich die Letztentscheidung über das „Ob" dieses Rückfalls für einen in seinem Belieben stehenden, der trust-Errichtung nachfolgenden Zeitpunkt vorbehält, kann aber bei der gebotenen wirtschaftlichen Betrachtungsweise (s.o.) bzgl. der Zurechnung des in einem revocable trust gehaltenen Vermögens kein anderes Ergebnis als beim fixed grantor trust rechtfertigen[44]. Zudem wird bei einem von Anfang an vorbehaltenen Widerrufsrecht das Vorhandensein der kumulativ noch erforderlichen (endgültigen) Vermögensbindungsabsicht (s.u.) des settlor in Frage gestellt[45].

Ausgehend hiervon liesse sich ein abweichendes Ergebnis m.E. allein durch eine (Über-?)Betonung des „Verhinderungscharakters" der Neuregelungen gegenüber dem Postulat nach wirtschaftlicher Selbständigkeit der Vermögensmasse bewerkstelligen. In Anbetracht der sich ansonsten bietenden Möglichkeit, die v. a. auf die Erfassung von trust-Gestal-

---

[42] *Jülicher*, Fn. 32, S. 2182; *Mutter*, DStR 2004, S. 893 (897); *Meincke*, Fn. 5, § 7 Rz. 115a; *Hergeth*, ZErb 2005, S. 270 (275).

[43] So denn auch *Söffing/Kirsten*, Fn. 23, S. 1631; *Füger/von Oertzen*, Fn. 23, S. 13; *Killius*, in: Breuninger/Müller/Strobl-Haarmann (Hrsg.), FS Rädler, 1999, S. 343 (358); *Verstl*, Fn. 23, S. 98. *Schindhelm/Stein*, Fn. 19, S. 885 gelangen ohne die Anwendung von § 39 AO zum selben Ergebnis wie hier.

[44] Insoweit wie hier: FG RhPf, Urteil vom 14.3.2005, 4 K 1590/03, EFG 2005, S. 981 (983) (n.rkr.). A.A.: *Mutter*, Fn. 42, S. 895.

[45] Vgl. *Siemers*, ZEV 1998, S. 459 (460); *Winkler*, Fn. 23, S. 215.

tungen ausgerichteten Neuregelungen des ErbStG durch die Implementierung einer simplen Widerrufsklausel im trust instrument auszuhebeln, kann die Berechtigung einer derartigen Gewichtung freilich nicht ohne weiteres von der Hand gewiesen werden.

Entschärft wird dieser Meinungsstreit allerdings dadurch, dass selbst bei Subsumtion auch von revocable trusts unter die Neuregelungen die spätere Ausübung einer bereits bei der trust-Errichtung vorbehaltenen Widerrufsmöglichkeit gem. § 29 Abs. 1 Nr. 1 ErbStG zum rückwirkenden Erlöschen und damit nach erfolgter Aufhebung/Änderung der bisherigen Steuerfestsetzung (§ 175 Abs. 1 S. 1 Nr. 2 AO) zur Erstattung (§ 37 Abs. 2 S. 1 AO) der zuvor entrichteten Steuer führt, erfolgt die Rückübertragung in einem solchen Fall doch nicht freigiebig, sondern aufgrund einer rechtlichen Verpflichtung hierzu[46].

Wird die Subsumtion von trusts aus mixed legal systems (wie z.B. Schottland) unter den vom ErbStG verwendeten Begriff der Vermögensmasse ob ihrer besonderen zivilrechtlichen Konstruktion in diesen Rechtsordnungen sowie aus europarechtlichen Gründen z.T. generell in Frage gestellt, so ist an anderer Stelle[47] bereits näher dargelegt worden, dass im Gegensatz zur konkreten Ausgestaltung des jeweiligen trust dessen Provenienz aus einer common law Jurisdiktion oder aus dem Rechtskreis eines mixed legal system hinsichtlich der erbschaft-/schenkungsteuerlichen Behandlung in Deutschland keine Bedeutung zukommt.

---

[46] *Jülicher*, IStR 1999, S. 106 (109); *Habammer*, Fn. 25, S. 431; *Bremer*, in: Grotherr (Hrsg.), Handbuch der internationalen Steuerplanung, 2. Auflage 2003, S. 1577 (1595); *Knobel*, in: Viskorf/Glier/Hübner/Knobel/Schuck, ErbStG/BewG, 2. Auflage 2004, § 15 ErbStG Rz. 63; *Mutter*, Fn. 42, S. 897; *Jülicher*, Fn. 22, § 2 Rz. 123. Demgegenüber spricht *Hergeth*, Fn. 42, S. 275 auch insoweit von einer „Grauzone". Vergegenwärtigt man sich allerdings das legislative Konzept vom *trust* als selbständigem „Erwerber" wird es nicht mehr „schwer fallen", die Bildung/Ausstattung eines *(inter vivos) trust* als „Geschenk" (vgl. § 7 Abs. 1 Nr. 8 S. 2 ErbStG) auch i. S. v. § 29 Abs. 1 Nr. 1 ErbStG zu verstehen (vgl. *ders.*, a. a. O., S. 277 f.).

[47] *Wienbracke*, Fn. 26, S. 62 ff.; *ders.*, Fn. 34, S. 419 ff., m.w.N. auch zur Gegenmeinung. Ebenso: *Jülicher*, Fn. 22, § 2 Rz. 125.

4.2.2   „Bindung von Vermögen"

Dem Gesetzeswortlaut zufolge muss der Zweck der Vermögensmasse auf die Bindung von Vermögen gerichtet sein. Lässt sich der Verwendung des Merkmals „Zweck" unschwer entnehmen, dass insoweit auf ein subjektives Element, nämlich die Absicht des settlor, abzustellen ist[48], so bleibt demgegenüber unklar, welche Mindestdauer genau erforderlich ist, um von einem „Vermögensbindungszweck" sprechen zu können. Dürfte dieser jedenfalls bei reinen Durchgangserwerben wie etwa denen eines personal representative (administrator/executor[49]) noch nicht anzunehmen sein[50], so wird zum Teil unter Hinweis auf die hinter § 21 Abs. 1 S. 4 ErbStG stehende und speziell auf trusts zugeschnittene Wertung eine (Mindest-)Frist von 5 Jahren gefordert; primär solle es allerdings nicht auf diese numerische Betrachtungsweise, sondern vielmehr auf die funktionale Konzeption der Vermögensmasse ankommen[51]. Anderen Autoren zufolge sei angesichts von § 15 Abs. 3 AStG bzw. aufgrund einer Analogie zu § 1 Abs. 1 Nr. 4 EStG bei einem irrevocable (sowohl fixed als auch discretionary) trust mit einer Laufzeit von z. B. 21[52] bzw. 30[53] Jahren stets von einem Vermögensbindungszweck auszugehen. Wird aus gegenläufiger Richtung argumentierend eine generationenübergreifende Vermögensbindung nicht für erforderlich gehalten[54], so käme letztlich den Umständen des Einzelfalls entscheidendes Gewicht zu[55].

---

[48] *Winkler*, Fn. 23, S. 214; vgl. auch *Klein*, IStR 1999, S. 377 (379). Zu weiteren diesbzgl. Fragestellungen: *Schindhelm/Stein*, Fn. 19, S. 883.

[49] Diese waren und sind vielmehr bereits als unbedingte Erwerbe steuerpflichtig, siehe BFH, Urteil vom 8.6.1988, II R 243/82, BStBl. II 1988, S. 808 (810).

[50] *Jülicher*, Fn. 22, § 2 Rz. 125.

[51] *Schindhelm/Stein*, Fn. 19, S. 883 und 885.

[52] *Füger/von Oertzen*, Fn. 23, S. 13.

[53] *Verstl*, Fn. 23, S. 100.

[54] *Winkler*, Fn. 23, S. 216; vgl. aber auch *Schindhelm/Stein*, Fn. 19, S. 882.

[55] *Füger/von Oertzen*, Fn. 23, S. 13: „Die Grenzen sind [...] fliessend"; *Mutter*, Fn. 42, S. 894.

Bleiben die genauen Massstäbe, an denen diese Einzelfallumstände zu messen sind, mithin im Dunkeln – als methodischer Ansatz mag sich insoweit die Grenzziehung ausgehend von Extremfällen[56] anbieten –, so dürfte hingegen Klarheit darüber bestehen, dass die Quellen, aus denen der zu beurteilende Sachverhalt jeweils zu ermitteln ist, nach allgemeinen Grundsätzen nicht formal auf die eigentliche trust-Urkunde beschränkt sind[57], sondern daneben sämtliche der in den „Ergänzende[n] Informationen zum Strafbefreiungserklärungsgesetz (StraBEG)"[58] genannten Gesichtspunkte zur Ermittlung der „wahren Handhabung" des trust relevant werden können[59]. Folglich kann bei einer Gesamtbetrachtung aller Umstände des Einzelfalls (Ausgestaltung des trust instrument, Nebenabreden und tatsächliche Durchführung) beispielsweise der Tatsache, dass der trustee eines discretionary trust die im etwaigen letter of wishes niedergeschriebenen, rechtlich unverbindlichen Wünsche des settlor rein faktisch befolgt oder der settlor sonstwie (etwa: Bindung des trustee an Weisungen/Genehmigung des settlor) ausnahmsweise auf die Vermögensverwaltung seitens den trustee entscheidend Einfluss nimmt bzw. selbst über das trust-Vermögen verfügt, Bedeutung zukommen.

Besteht demnach auch unter der Geltung des „neuen" Rechts die Notwendigkeit zur individuellen Analyse des jeweils zu beurteilenden Konstrukts weiterhin fort – nunmehr freilich speziell unter dem Gesichtspunkt, ob es sich dabei um eine „Vermögensmasse ausländischen Rechts, deren Zweck auf die Bindung von Vermögen gerichtet ist" handelt –, so kann die Wertung der o.g. Umstände im Ergebnis dazu führen, dass es sich bei dem konkreten Gebilde in Wirklichkeit gar nicht um eine

---

[56] Das von *Wilms,* in: ders., ErbStG, § 3 Rz. 271 angeführte „Bankkonto in der Schweiz" dürfte einen solchen, für sich allein nicht steuerpflichtigen Extremfall darstellen.

[57] A.A. wohl *Alpers,* IWB Fach 10 Gruppe 2 S. 1619 (1622); *ders.,* DSWR 2005, S. 242.

[58] BMF, Schreiben vom 16.9.2004, IV A 4 – S. 1928 – 120/04, Antwort zu Frage 19.

[59] *Breihaupt,* ErbBStg 2004, S. 221 (224); *Burchert,* INF 2004, S. 854 (857 f.); vgl. ferner *Mutter,* Fn. 42, S. 895 f.; *Schwedhelm/Spatscheck,* DStR 2004, S. 2085 (2087); *Stahl,* KÖSDI 2004, S. 13428 (14335 f.); *Hergeth,* Fn. 42, S. 279; *Joecks/Randt,* DStR 2005, S. 1461 (1462).

selbständige bzw. auf Bindung von Vermögen gerichtete Vermögensmasse, sondern lediglich um eine erbschaft-/schenkungsteuerlich unbeachtliche Treuhandschaft handelt (zur diesbzgl. Beweislast vgl. § 159 AO).

Suggeriert die Verwendung des Begriffs „Vermögensmasse", dass weniger als zumindest zwei Gegenstände hiervon nicht erfasst werden[60], so dürften es die Realitäten des insoweit massgeblichen „ausländischen Rechts" (s.u.) dagegen wohl erforderlich machen, bereits einen einzelnen, im o.g. Sinn verselbständigten Gegenstand hierunter zu fassen, soll den ja gerade auf trusts abzielenden Neuregelungen (vgl.o.) effektiv zur Anwendung verholfen werden. Denn: „Even if the property intially placed in the trust is nominal and the real property of value is added only at a later time [...], the segregation obligation applies. All property held in trust must be segregated [...] from the property of all other trusts even though each other trust has the same trustee or trustees[61]".

4.2.3   „Ausländischen Rechts"

Bei der auf Vermögensbindung gerichteten Vermögensmasse muss es sich schliesslich noch um eine solche „ausländischen Rechts" handeln. Ob hinsichtlich des Merkmals „ausländisch" nun etwa darauf abzustellen ist, dass die konkret in trust gehaltenen Gegenstände nicht der deutschen, sondern eben einer anderen Jurisdiktion unterstehen, oder ob nicht vielmehr danach zu fragen ist, ob die Rechtsfigur, in der die einzelnen Gegenstände jeweils gebunden sind, dem deutschen Recht als solche fremd und mithin „ausländischer" Natur ist, ist – wie in anderem Rahmen bereits dargelegt[62] – im Hinblick auf common law trusts letztlich irrelevant. Um jedoch eine zweifelsfreie Erfassung auch von trusts aus mixed legal systems wie z. B. Schottland (s. o.) sicherzustellen, ist dagegen der zu-

---

[60] Vgl. *Duden*, Bedeutungswörterbuch (Band 10), 3. Auflage 2002, Stichwort „Masse".

[61] *Waters*, Fn. 11, S. 122 (Hervorhebungen nicht im Original).

[62] *Wienbracke*, Fn. 26, S. 49, 60 f.; *ders.*, Fn. 34, S. 421 f., jeweils m.w.N. zum Streitstand.

vor an zweiter Stelle genannten Auffassung zu folgen. Nach der Gesetzesbegründung[63] soll es in keinem Fall darauf ankommen, ob der trust Geschäftsleitung (§ 10 AO) und/oder Sitz (§ 11 AO) im Ausland hat – was aus zivilrechtlichen Gründen freilich regelmässig der Fall sein wird[64].

4.3 Steuerpflichtige Vorgänge

4.3.1 „Bildung"/„Ausstattung"

Als im „Lebenszyklus" eines trust zeitlich erster steuerpflichtiger Vorgang stellt sich dessen „Bildung" dar. Dies gilt unabhängig davon, ob es sich beim konkreten trust um einen solchen von Todes wegen (testamentary trust) oder um einen unter Lebenden errichteten (inter vivos trust) handelt, § 3 Abs. 2 Nr. 1 S. 2 ErbStG bzw. § 7 Abs. 1 Nr. 8 S. 2 ErbStG.

Durch die Inbezugnahme auf eine „Vermögensmasse ausländischen Rechts" knüpft das ErbStG nicht wie sonst an einen regelmässig nach dem BGB zu beurteilenden Vermögenstransfer an, sondern sucht vielmehr einen in einer fremden Jurisdiktion stattfindenden Vorgang zu erfassen. Folglich ist zur Beurteilung der Frage, welche Voraussetzungen gegeben sein müssen, damit von der „Bildung" einer auf Vermögensbindung gerichteten Vermögensmasse ausländischen Rechts gesprochen werden kann, nicht auf die den trust negierende deutsche, sondern vielmehr auf die zivilrechtliche Wirksamkeit der trust-Errichtung allein gemäss den Vorschriften der diesen Vorgang beherrschenden jeweiligen ausländischen Rechtsordnung abzustellen[65]. So kann beispielsweise englischem Recht

---

[63] BT-Drucks. 14/443 vom 3.3.1999, S. 41. Anders noch der Zwischenentwurf, BT-Drucks. 14/23 vom 9.11.1998, S. 120.

[64] Vgl. *Wienbracke*, RIW 2007, S. 201 (205) m.w.N.

[65] *Halaczinsky*, Fn. 29, S. 906; *Moench*, Fn. 33, § 7 Rz. 203; *Jülicher*, Fn. 22, § 2 Rz. 124. *Schindhelm/Stein*, Fn. 19, S. 885 und *Hergeth*, Fn. 42, S. 270 zufolge sei dagegen unklar, nach welchen Kriterien die Zurechnung eines Gegenstands zur Vermögensmasse zu erfolgen habe.

zufolge ein trust dadurch erschaffen werden, dass property entweder vom settlor auf den trustee übertragen wird oder indem der settlor erklärt, er werde dieses fortan in trust halten[66]. Sofern es sich bei dem property allerdings um ein Grundstück handelt, dass in einem – aus englischer Perspektive – ausländischen Staat belegen ist und das Recht dieses Staates (die lex rei sitae) den angedachten trust nicht anerkennt, kann dieses bereits englischem Recht zufolge nicht wirksam einem trust unterworfen werden[67].

Letzteres trifft bekanntlich auch auf das deutsche Recht zu, mit dessen dogmatischem Konzept vom absoluten Eigentum und einem geschlossenen Kanon (numerus clausus) inhaltlich genau vorgeschriebener dinglicher Rechte (Typenzwang) der auf der Spaltung von law und equity beruhende common law trust nicht vereinbar ist[68]. An deutschem Recht unterliegenden Grundstücken, beweglichen Sachen (vgl. Art. 43 EGBGB) sowie Forderungen (vgl. Art. 33 Abs. 2 EGBGB) und Rechten kann ein common law[69] trust daher nicht begründet werden. Da dieser auch dem deutschen Erbrecht fremd ist[70], wird aus gestalterischer Sicht bzgl. testamentary trusts (vgl. Art. 25 EGBGB) die Nachlassspaltung nach Art. 3 Abs. 3 EGBGB relevant. Die dort genannten „besonderen Vorschriften" sind etwa im englischen Recht enthalten, welches für Erbfolgezwecke zwischen immovables, die von der lex rei sitae beherrscht werden, und movables – insoweit ist das lex domicilii des Erblassers zum Zeitpunkt seines Todes dessen lex successionis – unterscheidet[71]. Ein trotz Anwendbarkeit deutschen Rechts erfolgter Versuch der Errichtung eines common law trust ist gem. § 140 BGB bzw. § 2084 BGB in ein vergleichbares Institut des deutschen Rechts (v.a.: fremdnützige Verwaltungs-

---

[66] Vgl. *Milroy v. Lord* (1862) 4 De GF & J 264.

[67] Vgl. Earl Nelson v. Lord Bridport (1846) 8 Beav 547.

[68] BGH, Urteil vom 13.6.1984, IVa ZR 196/82, IPRax 1985, S. 221 (223 f.).

[69] Anders bzgl. *trusts* aus *mixed legal systems* wie z.B. Schottland, siehe *Wienbracke*, Fn. 26, S. 60 f.; *ders.*, Fn. 34, S. 418 f. Vgl. auch *Jülicher*, IStR 2001, S. 178 (178 f.); *ders.*, in: Troll/Gebel/Jülicher, ErbStG, § 2 Rz. 113.

[70] OLG Frankfurt, Beschluss vom 29.12.1962, 6 W 481/60, IPRspr. 1962–63, S. 425 (Nr. 146).

[71] *Underhill/Hayton*, Law Relating to Trusts and Trustees, 16. Auflage 2003, S. 231 m.w.N.

treuhand bzw. Vor-/Nacherbschaft mit (Dauer-)Testamentsvollstreckung) umzudeuten[72]. Die Haager Convention on the Law applicable to Trusts and on their Recognition vom 1. Juli 1985[73] hat die BRD (bislang) nicht ratifiziert.

Alternativ zur Bildung eines trust ist in § 3 Abs. 2 Nr. 1 S. 2 und § 7 Abs. 1 Nr. 8 S. 2 ErbStG zudem jeweils noch dessen „Ausstattung" als weiteres steuerpflichtiges Ereignis genannt. Dürfte entgegen einer vereinzelt gebliebenen Auffassung[74] offensichtlich sein, dass der Gesetzgeber durch die Einfügung dieses Tatbestandsmerkmals neben dem der „Bildung" sicherstellen wollte, „auch die spätere zusätzliche Ausstattung dieser Vermögensmasse mit Vermögen" zu erfassen[75], so dürfte er sich damit allerdings zugleich ein weiteres, allerdings wohl nicht singulär deutsches[76] Problem „aufgehalst" haben: Unter welchen Voraussetzungen – ggfls. unter Heranziehung von § 42 AO (Gestaltungsmissbrauch) – kann noch von der nachträglichen Ausstattung einer bereits bestehenden Vermögensmasse gesprochen werden (mit der Folge, dass u. a. § 14 ErbStG betreffend die Berücksichtigung früherer Erwerbe zur Anwendung gelangt) und ab wann ist die Gründung einer neuen Vermögensmasse (unter Gewährung „neuer" Freibeträge) zu bejahen?

Was die Bewertung des Vermögensanfalls i. S. v. §§ 3 Abs. 2 Nr. 1 S. 2, 7 Abs. 1 Nr. 8 S. 2 ErbStG anbelangt, so scheint der Gesetzgeber ungeachtet des im ErbStG massgeblichen Bereicherungsgedankens (vgl. § 10

---

[72] Zu den Besteuerungsfolgen vgl. *Füger/von Oertzen*, Fn. 23, S. 14; *Schindhelm/Stein*, Fn. 19, S. 886.

[73] Deren Text und Status sind unter http://www.hcch.net/index_en.php?act=conventions.status&cid=59 abrufbar.

[74] *Schuck*, in: Viskorf/Glier/Hübner/Knobel/Schuck, ErbStG/BewG, 2. Auflage 2004, § 7 ErbStG Rz. 152. Kritisch, im Ergebnis aber dennoch wie die ganz h.M.: *Füger/von Oertzen*, Fn. 23, S. 14; *Verstl*, Fn. 23, S. 93, 101 f.

[75] Siehe nur BT-Drucks. 14/443 vom 3.3.1999, S. 41; FinMin. NRW, Erlass vom 6.4.1999, S. 3730 – 32 – V A 2, DStR 1999, S. 718 (719); FinMin. BW, Erlass vom 22.4.1999, 34 – S. 3730/8, DB 1999, S. 937 (938). Aus der Literatur: *Kapp/Ebeling*, ErbStG, § 3 Rz. 281.

[76] Vgl. zum kanadischen Einkommensteuerrecht etwa: *Waters*, Fn. 11, S. 127.

Abs. 1 ErbStG) sowie des allgemeinen steuerlichen Leistungsfähigkeitsprinzips[77] davon auszugehen, dass die Verpflichtung zur Ausschüttung aus dem nach der rule against perpetuities[78] zeitlich prinzipiell nicht unbeschränkt bestehenden common law trust die vom steuerpflichtigen Vorgang streng zu trennende Bereicherung nicht beeinflusst[79]. Die Anwendbarkeit von § 13a ErbStG wird im Hinblick auf common law trusts regelmässig an der oben bereits dargestellten trust-Feindlichkeit des deutschen Zivilrechts scheitern und § 19a ErbStG zudem auch deshalb nicht auf trusts anwendbar sein, weil es sich bei diesen nicht um natürliche Personen handelt[80]. Ob der vor dem Hintergrund von § 21 Abs. 1 S. 4 ErbStG (der i.Ü. keine Subjektidentität erfordert[81]) und dem US-Erbschaftsteuerrecht[82] zu sehenden Optionsmöglichkeit[83] nach Art. 12 Abs. 3 DBA BRD-USA ErbSchSt auch nach der Einführung von §§ 3 Abs. 2 Nr. 1 S. 2, 7 Abs. 1 Nr. 8 S. 2 ErbStG noch Bedeutung zukommt[84] oder ob diese nicht vielmehr ins Leere läuft[85], wird wohl zum einen auch davon abhängen, inwieweit sich eine differenzierte Handhabung (vgl.o.) dieser Vorschriften durchsetzt und ob es zum anderen im Einzelfall ge-

---

[77] Einführend hierzu: *Tipke*, Die Steuerrechtsordnung, Band I, 2. Auflage 2000, § 9 Tz. 2.3; *Lang*, in: Tipke/Lang, Steuerrecht, 18. Auflage 2005, § 4 Rz. 81 ff., jeweils m.w.N. auch aus der Rechtsprechung des Bundesverfassungsgerichts.

[78] Hierzu siehe die Nachweise bei *Wienbracke*, Fn. 26, S. 23.

[79] *Schindhelm/Stein*, Fn. 19, S. 887; *Winkler*, Fn. 23, S. 224. Kritisch auch *Nachreiner*, Die Behandlung von Trusts im deutschen Erbschaft- und Schenkungsteuerrecht nach alter und neuer Rechtslage, Diss. München 2001, S. 140, 146 f.

[80] Vgl. *Jülicher*, Fn. 22, § 2 Rz. 128b.

[81] BFH, Urteil vom 26.6.1963, II 196/61 U, BStBl. III 1963, S. 402 (403); vom 6.3.1990, II R 32/86, BStBl. II 1990, S. 786 (787).

[82] Vgl. *Kozusko/Vetter*, in: Lyons/Wheeler (Hrsg.), The International Guide to the Taxation of Trusts, IBFD, US, 2.2.

[83] Zu dieser: *Hundt*, in: Debatin/Wassermeyer, DBA, Art. 12 E USA Rz. 40 ff.

[84] *Jülicher*, Fn. 69, S. 178; *ders.*, in: Troll/Gebel/Jülicher, ErbStG, § 21 Rz. 52.

[85] *Füger/von Oertzen*, Fn. 23, S. 15; *Habammer*, Fn. 25, S. 432; *Arlt*, in: Grotherr (Hrsg.), Handbuch der internationalen Steuerplanung, 2. Auflage 2003, S. 1551 (1575); *Knobel*, Fn. 46, § 15 ErbStG Rz. 63; *Meincke*, Fn. 5, § 3 Rz. 36.

lingt, die persönliche Steuerpflicht nach § 2 ErbStG bei Bildung/Ausstattung eines trust zu vermeiden (s.u.).

Dass der Gesetzgeber nur in § 3 Abs. 2 Nr. 1 S. 2 ErbStG, nicht aber auch in § 7 Abs. 1 Nr. 8 S. 2 ErbStG ausdrücklich fordert, die „Bildung" bzw. „Ausstattung" der Vermögensmasse müsse von ihrem Gründer/Ausstatter „angeordnet" worden sein, dürfte allein auf sprachliche Gründe zurückzuführen sein. Kraft Gesetzes entstehende implied trusts[86] (wie z.B. constructive trusts) werden von den vorgenannten Vorschriften jedenfalls nicht erfasst[87].

Als im Ergebnis ebenfalls nicht erbschaft-/schenkungsteuerpflichtig kann sich schliesslich noch die Bildung/Ausstattung eines kirchlichen, gemeinnützigen oder mildtätigen Zwecken dienenden charitable trust erweisen, sofern im Einzelfall die Voraussetzungen der in § 13 Abs. 1 Nr. 16 lit. c) bzw. § 13 Abs. 1 Nr. 17 ErbStG normierten Steuerbefreiungen erfüllt sein sollten[88].

Nicht ausdrücklich im Gesetz geregelt ist, wie sich die in den §§ 3 Abs. 2 Nr. 1 S. 2, 7 Abs. 1 Nrn. 8 S. 2 und 9 S. 2 ErbStG enthaltenen Regelungen zu denjenigen Grundsätzen verhalten, die nach alter Rechtslage[89] hinsichtlich der erbschaft- und schenkungsteuerlichen Behandlung von trusts Anwendung fanden. Dürfte diese Frage im Hinblick auf diejenigen trust-Gestaltungen, die bislang zu einer Hinauszögerung des Entstehens der deutschen Erbschaft-/Schenkungsteuerpflicht geführt haben (namentlich discretionary trusts), eindeutig zugunsten der Geltung sämtlicher hier dargestellter Neuregelungen zu entscheiden sein – gerade auf deren Erfassung zielen diese schliesslich ab (s.o.) –, so liesse sich hinsichtlich der auch schon nach bisheriger Rechtslage zu keiner Steuerverzöge-

---

[86] Zu diesen siehe die Nachweise z. B. bei *Wienbracke*, Fn. 26, S. 23 (Fn. 30).

[87] *Jülicher*, Fn. 22, § 2 Rz. 124. A.A.: *Nachreiner*, Fn. 79, S. 135.

[88] Näher hierzu: *Crezelius*, JbFStR 1999/2000, S. 646 (652); *Flick/Piltz* (Hrsg.), Der internationale Erbfall, 1999, Rz. 1932; *Jülicher*, Fn. 46, S. 109 f.

[89] Dazu siehe die in Fn. 7 Genannten sowie ferner *Jülicher*, Fn. 22, § 2 Rz. 117 f. und die Nachweise bei *ders.*, in: Debatin/Wassermeyer, DBA, Art. 1 ErbSt-MA vor Rz. 31.

rung führenden trust-Typen (namentlich fixed interest trusts) aus teleologischer Sicht an sich das genaue Gegenteil vertreten. Hat insoweit bisher kein „Steuerschlupfloch" bestanden, so bedarf es an sich auch nicht der Anwendung der auf dessen Schliessung abzielenden „anti-avoidance provisions". Die bisherigen Grundsätze blieben insoweit neben den §§ 3 Abs. 2 Nr. 1 S. 2, 7 Abs. 1 Nrn. 8 S. 2 und 9 S. 2 ErbStG i.S.e. Auffangtatbestandes subsidiär anwendbar[90]. Legt man dagegen den Schwerpunkt auf die bereits im Zusammenhang mit der Subsumtion auch von revocable trusts unter die Neuregelungen aufgeführten Argumente (s.o.), so dürfte dies allerdings genug Munition dafür liefern, ebenfalls diejenigen trust-Konstellationen unter die §§ 3 Abs. 2 Nr. 1 S. 2, 7 Abs. 1 Nr. 8 S. 2 und Nr. 9 S. 2 ErbStG (inkl. der Folgeregelungen, s.o.) zu zwingen, die gerade nicht Anlass für die Einführung dieser Vorschriften waren[91]. Keinesfalls wäre es freilich gerechtfertigt, auf den jeweiligen trust kumulativ sowohl die vorgenannten leges speciales als auch die bisher geltenden Grundsätze anzuwenden.

4.3.1.1   Zeitpunkt der Steuerentstehung

Im Fall des § 3 Abs. 2 Nr. 1 S. 2 ErbStG (testamentary trust) entsteht die Steuer gem. § 9 Abs. 1 Nr. 1 lit. c) Alt. 2 ErbStG im Zeitpunkt der Bildung oder Ausstattung der Vermögensmasse (s.o.); hinsichtlich der Bildung oder Ausstattung von inter vivos trusts (§ 7 Abs. 1 Nr. 8 S. 2 ErbStG) findet § 9 Abs. 1 Nr. 2 ErbStG (Ausführung der Zuwendung) Anwendung.

4.3.1.2   Steuerklasse

In Ermangelung spezieller Vorschriften ist die auf den Vorgang der Bildung/Ausstattung von trusts anwendbare Steuerklasse nach allgemeinen Grundsätzen zu ermitteln. Da sowohl der settlor als auch die Person, die den trust ggfls. nachträglich mit Gegenständen ausstattet, zu dieser Vermögensmasse als solche niemals in einem der in § 15 Abs. 1 ErbStG ausdrücklich genannten persönlichen Näheverhältnisse stehen kann, ist im

---

[90] Vgl. *Söffing/Kirsten*, Fn. 23, S. 1630; *Verstl*, Fn. 23, S. 105, 111 f.

[91] Vgl. *Nachreiner*, Fn. 79, S. 142; *Moench*, Fn. 33, § 7 Rz. 224.

Hinblick auf die nach §§ 3 Abs. 2 Nr. 1 S. 2, 7 Abs. 1 Nr. 8 S. 2 ErbStG steuerpflichtigen Vorgänge die ungünstige Steuerklasse III einschlägig. Wie nicht zuletzt ein Umkehrschluss aus § 15 Abs. 2 S. 2 Hs. 2 ErbStG belegt, der im Hinblick auf trusts als Hauptanwendungsfall der dort in Bezug genommenen Vermögensmasse Spezialregelungen allein für die hier (Bildung/Ausstattung) nicht einschlägigen Fälle des § 7 Abs. 1 Nr. 9 S. 2 ErbStG bereit hält, findet § 15 Abs. 2 S. 1 ErbStG trotz geltend gemachter europarechtlicher Bedenken[92] und obwohl eine redaktionelle Folgeänderung dieser nach wie vor uneingeschränkt auf § 3 Abs. 2 Nr. 1 und § 7 Abs. 1 Nr. 8 ErbStG – und damit auch auf deren jeweiligen nunmehrigen S. 2 – verweisenden Vorschrift unterblieben ist[93], auf den Vorgang der Bildung/Ausstattung von trusts keine Anwendung[94]. Mit der in § 15 Abs. 2 S. 1 ErbStG allein erwähnten inländischen Familienstiftung sind trusts nicht vergleichbar (vgl.u.).

4.3.1.3   Steuerschuldner

Als weiterer Quell für Bedenken gegen die Vereinbarkeit der den trust betreffenden Regelungen des ErbStG mit höherrangigem (im vorliegenden Zusammenhang: Völker-)Recht (Art. 25 GG) stellt sich dessen § 20 Abs. 1 S. 2 dar. Danach ist im Fall des § 7 Abs. 1 Nr. 8 S. 2 ErbStG (inter vivos trust) die Vermögensmasse neben der Person, die sie „gebildet" bzw. „ausgestattet" hat, Erwerber und Steuerschuldner; im Fall des § 3 Abs. 2 Nr. 1 S. 2 ErbStG (testamentary trust) wird die Vermögensmasse sogar zum alleinigen Erwerber und Steuerschuldner erklärt. Jedenfalls dann aber, wenn die betreffende Vermögensmasse ausschliesslich aus im Ausland belegenen Gegenständen besteht und nach dortigem Recht durch einen Ausländer verwaltet wird, rechtfertigen sowohl das Personalitäts- als auch das Territorialitätsprinzip[95] die Behandlung der Vermögensmasse allen-

---

[92] *Hergeth,* Fn. 42, S. 276 unter Hinweis auf *Kellersmann/Schnitger,* IStR 2005, S. 253.

[93] Vgl. *Moench,* Fn. 33, § 3 Rz. 203 und § 15 Rz. 47a. A.A.: *Nachreiner,* Fn. 79, S. 148.

[94] Vgl. *Flick/Piltz,* Fn. 88, Rz. 1927; *Halaczinsky,* Fn. 29, S. 907; *Schindhelm/Stein,* Fn. 19, S. 887; *Knobel,* Fn. 46, § 15 ErbStG Rz. 63; *Jülicher,* Fn. 22, § 2 Rz. 128a.

[95] Zu beiden Prinzipien vgl. *Schaumburg,* Internationales Steuerrecht, 2. Auflage 1998, Rz. 7.1–7.7.

falls als Tatsubjekt – sofern deren Bildung durch einen Inländer bzw. mit inländischem Vermögen erfolgt –, nicht aber auch deren Inanspruchnahme als Inhaltsadressat eines deutschen Erbschaft-/Schenkungsteuerbescheids[96], falls der einzige Inlandsbezug eines im Übrigen (settlor, trustee, property) im Ausland verwurzelten trust dessen deutscher beneficiary ist[97].

Zunächst vorwiegend tatsächlicher Natur sind die hierdurch verursachten Folgeprobleme: Wie soll ein Steuerbescheid, dessen Inhaltsadressat – die Zustellung wird an den trustee zu erfolgen haben[98] – eine Vermögensmasse ausländischen Rechts ist, ausserhalb der BRD vollstreckt werden, wenn dem trust dort keine Rechtsfähigkeit zukommt, zumal angesichts des im common law-Rechtskreis verbreiteten Prinzips des non-enforcement of foreign revenue claims bei Verweigerung der Erfüllung der Steuerschuld, Nicht-Vorliegen der Voraussetzungen des § 20 Abs. 3 bzw. Abs. 6 S. 2 ErbStG sowie Fehlens eines entsprechenden Rechtshilfeabkommens ohnehin grundlegende Bedenken an der Durchsetzbarkeit des entsprechenden deutschen Steueranspruchs bestehen[99]? Der vor dem 5.3.1999 mitunter „fehlende Rechtsvollzug"[100] dürfte insofern durch einen fehlenden Verwaltungsvollzug ersetzt worden sein.

Normative Kraft entfaltet dieses „faktische Vollzugsdefizit" letztlich allerdings wohl in den Fällen des § 7 Abs. 1 Nr. 8 S. 2 ErbStG, in denen neben

---

[96] *Gebel*, Fn. 13, S. 253 f.; *ders.*, Fn. 13, § 20 Rz. 43. Relativierend: *Jülicher*, Fn. 22, § 2 Rz. 128d.

[97] *Klein*, IWB Fach 3 Gruppe 9 S. 145 (149 f.); *ders.*, IWB Fach 7 Gruppe 2 S. 107 (115); *Jochum*, Fn. 18, § 20 Rz. 62.

[98] *Jülicher*, Fn. 46, S. 107; *ders.*, IStR 1999, S. 202 (203); *Jochum*, Fn. 18, § 20 Rz. 65. Siehe aber auch *Flick/Piltz* (Hrsg.), Fn. 88, Rz. 1929; *Schindhelm/Stein*, Fn. 19, S. 887.

[99] Ebenda sowie ferner *Klein*, IWB Fach 3 Gruppe 9 S. 139 (143 f.); *ders.*, FR 1999, S. 1110; *Verstl*, Fn. 23, S. 94; *Winkler*, Fn. 23, S. 227; *Habammer*, Fn. 25, S. 431; *Meincke*, Fn. 5, § 20 Rz. 9a; *Wilms*, Fn. 56, § 3 Rz. 262; *Gebel*, Fn. 13, § 20 Rz. 43; *Jülicher*, Fn. 22, § 2 Rz. 128d.

[100] *Preisser*, in: *ders.* (Hrsg.), Verfahrensrecht, Umsatzsteuerrecht und Erbschaftsteuerrecht, 3. Auflage 2004, S. 669.

dem trust auch der trust-Errichter/Ausstatter Steuerschuldner ist, § 20 Abs. 1 S. 2 ErbStG. Zwar gilt auch insoweit der allgemeine Grundsatz, dass die Finanzverwaltung ihr Auswahlermessen (§ 5 AO) zwischen diesen beiden Gesamtschuldnern (§ 44 AO) so auszuüben hat, dass sie zunächst versuchen muss, den trust als Erwerber – und nur sekundär dessen Errichter/Ausstatter – in Anspruch zu nehmen[101]. Doch wenn die Steuer vom trust rein tatsächlich nicht erlangt werden kann, dürfte es der Finanzverwaltung unter Effektivitätsgesichtspunkten nicht verwehrt sein, auf den inländischen trust-Errichter/Ausstatter Zugriff zu nehmen[102].

Neben[103] dem trust sowie dessen Errichter/Ausstatter findet im vorliegenden Zusammenhang mitunter ebenfalls noch der trustee Erwähnung[104]. Da dieser jedoch auch nach der geänderten Rechtslage mangels Bereicherung weiterhin nicht als Erwerber i.S.v. § 20 Abs. 1 S. 1 ErbStG angesehen werden kann[105] und seine Person auch im Übrigen an keiner Stelle des Gesetzes ausdrücklich als solcher bzw. als Steuerschuldner fingiert wird, lässt sich dessen Nennung ausserhalb des eng begrenzten Anwendungsbereichs von § 20 Abs. 6 S. 2 ErbStG nur damit erklären, dass er unter den Begriff des Haftungsschuldners i. S. v. § 69 AO subsumiert wird. Eine solche Haftung des trustee für die Erbschaft-/Schenkungsteuerschuld des trust als Steuerschuldner setzt voraus, dass es sich beim trustee insoweit um eine Person i.S.v. § 34 AO handelt.

Da der in § 34 Abs. 1 S. 1 AO verwendete Begriff der „nichtrechtsfähigen Vermögensmasse" nicht anders als in den Einzelsteuergesetzen zu verstehen ist[106], wird man ebenfalls den zivilrechtlich nicht rechtsfähigen trust als auf Vermögensbindung gerichtete Vermögensmasse ausländi-

---

[101] *Eisele,* Fn. 101, S. 328; *Jülicher,* Fn. 46, S. 203; *Moench,* Fn. 33, § 20 Rz. 12a.

[102] Vgl. *Gebel,* Fn. 13, S. 254; *ders.,* Fn. 13, § 7 Rz. 336 und § 20 Rz. 44; *Jülicher,* Fn. 46, S. 107; *Winkler,* Fn. 23, S. 227; *Jochum,* Fn. 18, § 20 Rz. 65; *Moench,* Fn. 33, § 20 Rz. 12a.

[103] Vereinzelt gar „anstelle", vgl. *von Oertzen,* Journal of International Trust and Corporate Planning 2003, S. 197 (203).

[104] *Winkler,* Fn. 23, S. 227; *Meincke,* Fn. 5, § 20 Rz. 9a; *Jülicher,* Fn. 22, § 2 Rz. 128d.

[105] *Gebel,* Fn. 13, § 7 Rz. 335.

[106] Vgl. *Loose,* in: Tipke/Kruse, AO/FGO, § 34 AO Rz. 10.

schen Rechts i.S.d. ErbStG hierunter fassen können[107]. Desgleichen ist nicht leicht zu sehen, warum es sich beim trustee nicht auch um den „Geschäftsführer" des trust i. S. v. § 34 Abs. 1 S. 1 AO handeln sollte, ist dieses Tatbestandsmerkmal doch untechnisch[108] zu verstehen und richtet sich im Fall des trust als ausländischer Vermögensmasse allein nach dem dessen Organisation beherrschenden fremden Recht, wer die „Geschäfte" des trust „führt"[109]. Ist dies typischerweise aber gerade der trustee, so müssen ihm für die Eigenschaft als Haftungsschuldner schliesslich noch steuerliche Pflichten i.S.v. § 34 AO auferlegt sein. Sind auf verfahrensrechtlicher Ebene zudem noch die §§ 191, 219 AO zu beachten, so stellt sich in tatsächlicher Hinsicht freilich abermals das Problem, wie nunmehr der Haftungsanspruch gegenüber dem sich regelmässig im trust-freundlichen Ausland anzutreffenden trustee durchgesetzt werden kann (vgl.o.).

Die beneficiaries können dagegen nicht als Schuldner der durch die Bildung/Ausstattung eines trust entstehenden Erbschaft-/Schenkungsteuer in Anspruch genommen werden[110]. Denn im Rahmen der §§ 3 Abs. 2 Nr. 1 S. 2, 7 Abs. 1 Nr. 8 S. 2 ErbStG gelten nicht sie, sondern vielmehr der trust selbst als Erwerber, § 20 Abs. 1 S. 2 ErbStG.

4.3.2   „Erwerb durch Zwischenberechtigte"

Als ebenso unbestimmt und insoweit folglich denselben verfassungsrechtlichen Bedenken[111] ausgesetzt wie der oben untersuchte Begriff der auf Vermögensbindung gerichteten Vermögensmasse ausländischen Rechts erweist sich auch die in § 7 Abs. 1 Nr. 9 S. 2 Alt. 2 ErbStG anzufindende

---

[107] Vgl. *Schindhelm/Stein,* Fn. 19, S. 887; *Jochum,* Fn. 18, § 20 Rz. 65; *Loose,* Fn. 106, § 34 AO Rz. 11.

[108] *Loose,* Fn. 106, § 34 AO Rz. 11; *Boeker,* in: Hübschmann/Hepp/Spitaler, AO/FGO, § 34 AO Rz. 35.

[109] Vgl. *Loose,* Fn. 104, § 34 AO Rz. 10; *Boeker,* Fn. 108, § 34 AO Rz. 44, jeweils m.w.N.

[110] *Flick/Piltz,* Fn. 88, Rz. 1929; *Arlt,* Internationale Erbschaft- und Schenkungsteuerplanung, 2001, S. 353.

[111] *Carlé,* Fn. 18, S. 236; *Jülicher,* Fn. 22, § 2 Rz. 127.

Umschreibung „Erwerb durch Zwischenberechtigte". Entgegen legislativer Einschätzung[112] sowie vereinzelt gebliebener Literaturstimmen ist dem ganz überwiegenden Teil des Schrifttums alles andere als „klar"[113], was mit diesem im Zwischenentwurf[114] noch nicht vorgesehenen Steuertatbestand genau gemeint ist.

Entsprechend breit ist denn auch das dort vertretene Meinungsspektrum. Zum Teil werden allein vorzeitige Ausschüttungen aus dem trust-Vermögen an Anfallberechtigte[115], teilweise Ertragsausschüttungen an „Zwischen(nutzungs)berechtigte" als „Erwerb[e] durch Zwischenberechtigte" angesehen[116]. Der vorherrschenden Auffassung zufolge seien dagegen sämtliche während der Existenz eines trust erfolgenden Ausschüttungen sowohl von dessen Substanz als auch von dessen Erträgen unter § 7 Abs. 1 Nr. 9 S. 2 Alt. 2 ErbStG zu subsumieren – unabhängig davon, ob es sich beim Erwerber um einen Ertrags- oder um einen Anfallberechtigten handelt bzw. ob sich der jeweilige Erwerb aufgrund einer gesicherten Rechtsposition des beneficiary (fixed interest trust) oder erst infolge einer entsprechenden Ermessensentscheidung des trustee (discretionary trust) ereignet[117].

Dürfte Letzterem ohne weiteres zuzustimmen sein, da zum einen § 7 Abs. 1 Nr. 9 S. 2 Alt. 2 ErbStG lediglich auf das tatsächliche „Ob" des „Zwischenerwerbs" durch einen entsprechend Berechtigten abstellt, nicht aber auch darauf, ob der durch die erfolgte Ausschüttung Begünstigte einen gebundenen oder bloss einen Ermessensanspruch auf diese besitzt und

---

[112] BT-Drucks. 14/443 vom 3.3.1999, S. 41.

[113] So jedoch *Halaczinsky*, Fn. 29, S. 906; vgl. auch *Eisele*, Fn. 101, S. 327.

[114] BT-Drucks. 14/23 vom 9.11.1998, S. 120.

[115] *Söffing/Kirsten*, Fn. 23, S. 1630; *Verstl*, Fn. 23, S. 103 f.; *Werkmüller*, in: Lange/ Werkmüller (Hrsg.), Der Erbfall in der Bankpraxis, 2002, § 26 Rz. 134.

[116] *Eisele*, Fn. 101, S. 327; vgl. auch *Jülicher*, Fn. 98, S. 203.

[117] *Bödecker*, Fn. 22, S. 138; *Halaczinsky*, Fn. 29, S. 906; *Arlt*, Fn. 110, S. 356; *Winkler*, Fn. 23, S. 230 f.; *Götzenberger*, Optimale Vermögensübertragung, 2001, S. 467; *Habammer*, Fn. 25, S. 431; *Mutter*, Fn. 42, S. 894; *Gebel*, Fn. 13, § 7 Rz. 336, 346; *Moench*, Fn. 33, § 7 Rz. 224a.

weil zum anderen die ursprünglich[118] angedachte Gleichstellung von trusts mit Stiftungen, deren satzungsgemässe Ausschüttungen an ihre Destinatäre erbschaft-/schenkungsteuerfrei sind, gerade nicht Gesetz geworden ist, so kann dagegen derjenigen Ansicht, welche die Ertragsberechtigten aus dem Kreis der „Zwischenberechtigten" ausnehmen will, nicht gefolgt werden. Denn insofern würden entgegen der ausdrücklichen gesetzgeberischen Intention (s.o.) ohne Not neue Besteuerungslücken geschaffen. Wenngleich der Wortlaut[119] und die Gesetzgebungsmaterialien[120] dafür sprechen, abweichend von der h.M. den Kreis der „Zwischenberechtigten" ausschliesslich mit den Ertragsberechtigten eines trust gleichzusetzen[121], so kann eine Entscheidung zwischen den zwei verbleibenden Meinungen letztlich dennoch dahingestellt bleiben. Denn beide unterscheiden sich nur in der normativen Begründung des jeweils identischen praktischen Ergebnisses, dass nämlich sowohl aus der Substanz als auch aus den Erträgen des trust-Vermögens gespeiste Ausschüttungen an die beneficiaries Steuerpflichten nach dem ErbStG auslösen.

---

[118] BT-Drucks. 14/23 vom 9.11.1998, S. 120.

[119] Der Begriff „*Zwischen*berechtigte" impliziert m.E., dass nach dem Gebrauchmachen von der Zwischenberechtigung der *trust* zugunsten der „*Endb*erechtigten" im Übrigen unbeschadet fortbestehen muss. Im Gegensatz zur Ausschüttung von *trust*-Erträgen, welche die Substanz des *trust* zur Nutzung weiterer Personen einschliesslich der letztlich Anfallberechtigten unangetastet lässt, führen vorzeitige Ausschüttungen von *trust*-Kapital dagegen nicht bloss zu dessen *zwischenzeitlicher* Verwendung, sondern vielmehr zu dessen *endgültigem* Verbrauch. A.A.: *Verstl*, Fn. 23, S. 103; *Nachreiner*, Fn. 79, S. 139; *Winkler*, Fn. 23, S. 230, die hervorheben, dass das Gesetz gerade nicht auf „Zwischennutzungs-", sondern auf „Zwischenberechtigte" abstellt. Geht man allerdings wie hier davon aus, dass vorzeitige Substanzausschüttungen aus einem *trust* zu dessen Teilauflösung führen, so greift auch dieser Einwand nicht durch. Denn nach einer (Kapital-)Ausschüttung besteht der *trust* insoweit nicht weiter fort. Genau dieses Fortbestehen wird aber von § 7 Abs. 1 Nr. 9 S. 2 Alt. 2 ErbStG zusätzlich noch verlangt („während des Bestehens der Vermögensmasse").

[120] Siehe BT-Drucks. 14/443 vom 3.3.1999, S. 41, wo insoweit auf BFH, Urteil vom 7.5.1986, II R 52/64, BStBl. II 1986, S. 615 verwiesen wird.

[121] *Wienbracke*, Fn. 26, S. 52 f.

Ergibt sich dieses Resultat nach h.M. hinsichtlich beider Arten von Bezugsberechtigten jeweils aus § 7 Abs. 1 Nr. 9 S. 2 Alt. 2 ErbStG, so ist diese Vorschrift nach hier vertretener Auffassung aus den o.g. grammatikalischen
und gesetzeshistorischen Gründen allein auf Erwerbe durch ertragsberech-
tigte beneficiaries anwendbar. Ausschüttungen aus der Substanz des trust
unterfallen m.E. dagegen unabhängig vom Zeitpunkt ihrer Vornahme stets
dem Tatbestand des § 7 Abs. 1 Nr. 9 S. 2 Alt. 1 ErbStG (näher zu diesem
s.u.). Dass es sich abweichend von der Rechtslage bei Stiftungen[122] bei
vorzeitigen Substanzausschüttungen aus trusts um nach § 7 Abs. 1 Nr. 9
S. 2 Alt. 1 ErbStG steuerbare Teilauflösungen[123] des trust handelt, wird
deutlich, wenn man einen Blick auf dessen (englisches) Heimatrecht wirft,
wo gilt: „There can be no trust without trust property"[124]. Die in §§ 3 Abs. 2
Nr. 1 S. 2, 7 Abs. 1 Nr. 8 S. 2 und Nr. 9 S. 2 ErbStG implizit enthaltene Fiktion vom trust als rechtsfähigem Tatsubjekt (s.o.) steht dem nicht entgegen.
Denn hierdurch werden trusts – entgegen dem Zwischenentwurf[125] – nicht
allgemein mit rechtsfähigen Stiftungen gleichgesetzt, sondern bezieht sich
diese Fiktion im Anwendungsbereich der §§ 3 Abs. 2 Nr. 1 S. 2, 7 Abs. 1
Nrn. 8 S. 2 und Nr. 9 S. 2 ErbStG lediglich auf den betreffenden Erwerbs-
vorgang als solchen, nicht hingegen auf die Vermögensmasse selbst[126]; § 20
Abs. 1 S. 2 ErbStG betrifft nur die Ebene des Steuerschuldverhältnisses
(s. u.).

Wird § 7 Abs. 1 Nr. 9 S. 2 Alt. 2 ErbStG zum Teil bedenkenlos auch auf
ausserordentliche Ausschüttungen von trust-Vermögen angewandt, die
nicht auf die trust-Bestimmungen rückführbar sind[127], so scheint doch
zumindest der Wortlaut („Zwischen*berechtigte*") dieser Vorschrift – über

---

[122] RFH, Entscheidung vom 11.5.1939, IIIe 17/38, RStBl. 1939, S. 789; *Gebel,* Fn. 13, § 7
Rz. 338.

[123] Vgl. ebenfalls *Schindhelm/Stein,* Fn. 19, S. 886; *Habammer,* Fn. 25, S. 431. A.A.:
Söffing/Kirsten, Fn. 23, S. 1630; *Verstl,* Fn. 23, S. 104; *Hergeth,* Fn. 42, S. 278.

[124] *Keeton/Sheridan,* The Law of Trusts, 12. Auflage 1993, S. 3.

[125] BT-Drucks. 14/23 vom 9.11.1998, S. 120.

[126] Vgl. *Gebel,* Fn. 13, S. 253; *Götzenberger,* Fn. 117, S. 467.

[127] *Eisele,* Fn. 101, S. 327; vgl. auch *Schindhelm/Stein,* Fn. 19, S. 883.

den sich Finanzverwaltung[128] und BFH-Rechtsprechung[129] im Rahmen von § 15 Abs. 1 AStG freilich hinwegsetzen – nahezulegen, dass unter diese Norm (demgegenüber vgl. aber § 7 Abs. 1 Nr. 9 S. 2 Alt. 1 ErbStG) lediglich der Erwerb durch solche Personen zu subsumieren ist, die auf die Zuwendung der betreffenden Ausschüttung entweder einen Anspruch haben (fixed interest trust) oder denen der trustee gemäss den etwa im trust instrument etc. (s.o.) gemachten Vorgaben des settlor nach entsprechender Ermessensbetätigung trust-Vermögen zuwenden durfte (discretionary trust).

Gewissheit dürfte hingegen wiederum insoweit bestehen, als dass es zur Bejahung eines steuerbaren „Erwerbs durch Zwischenberechtigte" stets des tatsächlichen Zuflusses einer korrespondieren Ausschüttung aus dem trust beim beneficiary bedarf. Eine blosse steuerliche Zurechnung ist dagegen – anders als im Ertragsteuerrecht[130] – zur Bejahung einer Steuerpflicht nach dem ErbStG nicht ausreichend, vgl. § 15 Abs. 1 S. 2 AStG. Frühere Ausschüttungen werden gem. § 14 ErbStG addiert[131].

Ist der Erwerb von Substanz- sowie Ertragsausschüttungen aus trusts sowohl durch beneficiaries with interest in possession als auch in remainder demnach in jedem Fall gem. § 7 Abs. 1 Nr. 9 S. 2 ErbStG schenkungsteuerpflichtig, so kann dieser Vorgang unter den Voraussetzungen des § 22 Nr. 1 EStG u.U. zugleich der deutschen Einkommensbesteuerung unterfallen[132]. Diese inländische Doppelbesteuerung wird freilich nicht nur

---

[128] BMF vom 14.5.2004, BStBl. I Sondernummer 1/2004, S. 3, Tz. 15.2.1.

[129] Urteil vom 25.4.2001, II R 14/98, BFH/NV 2001, S. 1457.

[130] Zur ertragsteuerlichen Behandlung von *trusts* nach nationalem und nach DBA-Recht jüngst: *Wienbracke*, Fn. 64.

[131] *Killius*, Fn. 43, S. 358; *Nachreiner*, Fn. 79, S. 156.

[132] BFH, Urteil vom 2.2.1994, I R 66/92, BStBl. II 1994, S. 727 (730 f.).

nicht beseitigt[133], sondern werden trust-Einkünfte zudem noch auch im Ausland regelmässig der dortigen Einkommensteuer unterworfen[134]. Unilateral kann über die Anrechnungsvorschrift des § 21 ErbStG insoweit keine Milderung erlangt werden, fehlt es doch an der notwendigen Vergleichbarkeit der ausländischen Einkommen- mit der deutschen Erbschaft-/Schenkungsteuer.

Diese ungemilderte („konfiskatorisch[e]"[135]) Doppel- bzw. Dreifachbesteuerung gibt allerdings nicht nur unter dem Gesichtspunkt der Übermassbesteuerung Anlass zu verfassungsrechtlichen[136] sowie europarechtlichen[137] Bedenken. Zusätzlich werden Zweifel an der Grundgesetzkonformität der Neuregelungen vielmehr auch noch unter dem Blickwinkel hervorgerufen, dass zumindest die Ertragsausschüttungen an die beneficiaries eines fixed interest trust mit den satzungsgemässen Ausschüttungen an die Destinatäre einer Stiftung vergleichbar seien, anders als diese aber in mithin

---

[133] Wenngleich in diesem Zusammenhang regelmässig auf die (vom Hessischen FG, Urteil vom 26.4.2005, 13 K 1460/02, n.v., für verfassungskonform erachtete) Aufhebung von § 35 EStG durch das StEntlG 1999/2000/2002 hingewiesen wird, so hebt *Winkler*, Fn. 23, S. 233 f. doch zu Recht hervor, dass diese Vorschrift lediglich eine Ermässigung der Einkommensteuer im Hinblick auf solche Einkünfte vorsah, die als Erwerbe von Todes wegen der Erbschaftsteuer unterlagen. Nicht begünstigt wurden dagegen Einkünfte, die als Schenkungen unter Lebenden oder als Zweckzuwendungen vom ErbStG erfasst wurden, siehe *Glanegger*, in: Schmidt, EStG, 17. Auflage 1998, § 35 Rz. 11. Ausschüttungen aus *trusts* (auch aus *testamentary trusts*) werden aber gem. § 7 Abs. 1 Nr. 8 S. 2 und Nr. 9 S. 2 ErbStG als Schenkungen besteuert. Vgl. ebenfalls *Söffing/Kirsten*, Fn. 23, S. 1630.

[134] Vgl. *Hardy*, in: Lyons/Wheeler (Hrsg.), The International Guide to the Taxation of Trusts, IBFD, UK, 4.3. sowie *Kozusko/Vetter*, a. a. O., US, 4.2.

[135] *von Oertzen*, DStR 2002, S. 433.

[136] Vgl. *Eisele*, Fn. 101, S. 327, 329; *Flick/Piltz* (Hrsg.), Fn. 88, Rz. 1930; *Gebel*, Fn. 13, S. 253; *Jülicher*, Fn. 98, S. 203; *Korn/Stahl*, KÖSDI 1999, S. 11964 (11988); *Carlé*, Fn. 18, S. 236; *Jülicher*, Fn. 22, § 2 Rz. 127.

[137] *Klein*, Fn. 48, S. 379.

gleichheits-/systemwidriger Weise entgegen dem Zwischenentwurf[138] nunmehr nach § 7 Abs. 1 Nr. 9 S. 2 ErbStG besteuert werden[139].

Wenn auch der Wortlaut des § 7 Abs. 1 Nr. 9 S. 2 Alt. 2 ErbStG insoweit keine Einschränkungen enthält[140], dürften „Zwischenerwerbe" durch den settlor eines fixed grantor trust gleichwohl erbschaft-/schenkungsteuerfrei sein, sofern dieser sich im trust instrument etc. bzgl. der betreffenden Ausschüttungen als einziger Begünstigter angegeben hat[141]. Denn unter dieser Voraussetzung ist eine selbständige Vermögensmasse gar nicht erst zur Entstehung gelangt (s.o.), sodass der settlor folglich auch nicht durch Auskehrungen aus dieser in einer nach dem ErbStG relevanten Weise bereichert sein kann.

Demgegenüber dürften sich in allen übrigen Konstellationen (zu revocable trusts: vgl.u.) bei Vorliegen der sonstigen Tatbestandsmerkmale auch Zwischenerwerbe (im hiesigen Sinne, s.o.) durch den settlor als erbschaft-/ schenkungsteuerpflichtig erweisen. Bei entsprechender Anwendung der vom BFH[142] in Bezug auf Stiftungen ergangen, im Schrifttum[143] freilich heftig kritisierten Rechtsprechung zu § 15 Abs. 2 S. 2 ErbStG a.F. ergibt sich Abweichendes insbesondere auch nicht aus dieser in ihrem neu eingefügten 2. Hs. nunmehr neben Erwerben bei Auflösung einer Vermögens-

---

[138] BT-Drucks. 14/23 vom 9.11.1998, S. 120.

[139] Neben den in Fn. 136 Genannten: *Bödecker*, Fn. 22, S. 138; *Schindhelm/Stein*, Fn. 19, S. 882 sowie *Verstl*, Fn. 23, S. 103 f., der diese deshalb ganz von der Besteuerung nach § 7 Abs. 1 Nr. 9 S. 2 ErbStG ausnehmen will.

[140] Allein hierauf abstellend und die Steuerpflicht mithin bejahend: *Halaczinsky*, Fn. 29, S. 906; *Moench*, Fn. 33, § 7 Rz. 224a.

[141] Vgl. *Füger/von Oertzen*, Fn. 23, S. 15; *Jülicher*, Fn. 46, S. 108 f.; *Winkler*, Fn. 23, S. 231; *Hergeth*, Fn. 42, S. 276 f.

[142] Urteile vom 25.11.1992, II R 77/90, BStBl. II 1993, S. 238 und II R 78/90, BFH/NV 1993, S. 438.

[143] Etwa: *Binz/Sorg*, DStR 1994, S. 229 (232); *Jülicher*, StuW 1999, S. 363 (369 f.).

masse ausländischen Rechts ebenfalls den Erwerb durch Zwischenberechtigte während des Bestehens eines trust erfassenden Vorschrift[144].

4.3.2.1   Zeitpunkt der Steuerentstehung

Gemäss § 9 Abs. 1 Nr. 2 ErbStG entsteht die Steuer in den Fällen des § 7 Abs. 1 Nr. 9 S. 2 ErbStG mit der Ausführung der Zuwendung.

4.3.2.2   Steuerklasse

Abweichend von § 15 Abs. 1 ErbStG, wonach der Erwerb durch Zwischenberechtigte an sich Steuerklasse III unterfallen würde, da beneficiaries unter den Neuregelungen anders als bisher die betreffenden Ausschüttungen nicht mehr unmittelbar vom settlor, sondern gem. § 7 Abs. 1 Nr. 9 S. 2 ErbStG vom zwischengeschalteten trust erlangen und zu einer solchen Vermögensmasse naturgemäss kein persönliches Verhältnis i.S.v. Steuerklassen I bzw. II zu unterhalten vermögen, wird diese gesetzliche Konzeption durch § 15 Abs. 2 S. 2 ErbStG wieder durchbrochen und bgzl. beider in § 7 Abs. 1 Nr. 9 S. 2 ErbStG normierten Fälle (Erwerb bei Auflösung/durch Zwischenberechtigte) dem trust für Zwecke der Steuerberechnung (s.u.) die gedachte Rechtsfähigkeit wieder genommen, d. h. dieser – ebenso wie unter der alten Rechtslage – insofern als transparent behandelt, als dass das persönliche Verhältnis des trust-Errichters/Ausstatters zum Zwischenberechtigten die massgebliche Steuerklasse bestimmt. Dies gelte auch dann, wenn nicht der settlor selbst, sondern vielmehr erst der mit einer power of appointement ausgestattete trustee die Person des beneficiary bestimmt[145].

Probleme ergeben sich insoweit freilich dann, wenn ursprünglicher trust-Errichter und nachträglicher trust-Ausstatter personenverschieden sind und in einem unterschiedlichen Verhältnis i.S.v. § 15 Abs. 1 ErbStG zum Zwischenberechtigten stehen. Sofern dieser Vorgang in der Tat als nachträgliche Ausstattung desselben und nicht als Gründung eines neuen trust zu werten sein

---

[144] Wie hier: *Ohletz*, in: Wilms, ErbStG, § 15 Rz. 126. A.A.: *Winkler*, Fn. 23, S. 231 f.; *Hergeth*, Fn. 42, S. 276 f.

[145] *Jülicher*, Fn. 22, § 2 Rz. 128a.

sollte (s.o.), so wird teilweise[146] vorgeschlagen, auf das Näheverhältnis des Zwischenberechtigten zu der Person, die den trust „überwiegend" mit Vermögen ausgestattet hat, zu rekurrieren. Dürfte eine derart pauschalierende Sichtweise v.a. bei annähernd gleichen Quoten nicht zuletzt aus steuergestaltender Perspektive attraktiv anmuten, so erscheint der Vorschlag[147], bei fehlender Identifizierbarkeit von eingebrachtem und ausgeschüttetem Vermögen die jeweilige Ausschüttung entsprechend den Werten der von den beiden Personen in den trust eingebrachten Gegenstände gedanklich in eine Zuwendung des trust-Errichters und eine solche des trust-Ausstatters aufzuspalten, doch als sachgerechter.

Soweit der Zwischenerwerb durch den settlor dem Grunde nach steuerpflichtig sein sollte (vgl.o.), gelangt auf diesen Vorgang wohl Steuerklasse III zur Anwendung – wenngleich der (mutige) Vorschlag, insofern erst recht die günstige Steuerklasse I heranzuziehen[148], durchaus „sympathisch" erscheint.

4.3.2.3   Steuerschuldner

Ebenso wie bzgl. der Ermittlung des Steuerschuldners anlässlich der trust-Bildung/Ausstattung der Fall (s.o.), sorgen die ErbStG-Neuregelungen auch im Hinblick auf die Bestimmung des Steuerschuldners bei Erwerben durch Zwischenberechtigte für Unsicherheiten im Schrifttum. Insoweit werden dort neben dem Zwischenberechtigten in unterschiedlicher Kombination mitunter auch der trust und/oder der trustee genannt[149].

---

[146] *Habammer*, Fn. 25, S. 431. Die praktischen Auswirkungen dieser Ansicht relativierend: *Carlé*, Fn. 18, S. 237.

[147] *von Oertzen*, Fn. 135, S. 433; vgl. ferner *Schindhelm/Stein*, Fn. 19, S. 887; *Knobel*, Fn. 46, § 15 ErbStG Rz. 63. Nachtrag: So jüngst auch FG Düsseldorf, Urteil vom 10.1.2007, 4 K 1136/02 Erb, EFG 2007, S. 533 (n.rkr.) bzgl. des bei der Auflösung einer durch verschiedene Personen errichteten Stiftung durch die Anfallberechtigten erworbenen Vermögens.

[148] So *Hergeth*, Fn. 42, S. 277.

[149] *Halaczinsky*, Fn. 29, S. 907; *Nachreiner*, Fn. 79, S. 151; *Habammer*, Fn. 25, S. 432; *Bremer*, Fn. 46, S. 1594; *von Oertzen*, Fn. 103, S. 203.

Im Hinblick auf Erwerbe gem. § 7 Abs. 1 Nr. 9 S. 2 ErbStG ist die Person des Steuerschuldners mangels Spezialregelung nach Massgabe der allgemeinen Vorschrift des § 20 Abs. 1 S. 1 ErbStG zu ermitteln. Resultiert die Steuerschuldnerschaft des Zwischenberechtigten insoweit aus dessen Eigenschaft als „Erwerber", so könnte der trust in diesen Fällen nur dann als Steuerschuldner in Anspruch genommen werden, wenn es sich bei ihm um den „Schenker" i.S.d. Norm handelte. Neben der für die Rolle des „Schenkers" ebenfalls erforderlichen Vermögenszuständigkeit[150] setzt die Fähigkeit, als Steuerschuldner (§ 43 AO) an einem Steuerschuldverhältnis (§ 37 AO) beteiligt sein zu können, zumindest partielle (Steuer-) Rechtsfähigkeit voraus[151].

Wie von *Gebel*[152] dargelegt, lässt sich die Eigenschaft des zivilrechtlich nicht mit eigener Rechtsfähigkeit ausgestatteten trust (s.o.) als auch im vorliegenden Zusammenhang Steuerpflichtiger (§ 33 AO) freilich nicht einfach „als Annex aus der Fiktion [von dessen] Rechtspersönlichkeit bei den Erwerbstatbeständen" herleiten[153], zumal ansonsten auch der eigens neu ins Gesetz eingefügte § 20 Abs. 1 S. 2 ErbStG bloss deklaratorischer Natur und damit letztlich überflüssig wäre[154]. Und auch die dem trust auf der Ebene des Steuerschuldverhältnisses zuerkannte Teilrechtsfähigkeit stellt sich ausgehend vom Wortlaut des § 20 Abs. 1 S. 2 ErbStG als eine ihrerseits nur partielle, nämlich auf die Steuerschuldnerschaft in den Fällen der §§ 3 Abs. 2 Nr. 1 S. 2, 7 Abs. 1 Nr. 8 S. 2 ErbStG beschränkte dar[155]. Vielmehr dürfte im Umkehrschluss (argumentum e contrario) hieraus gerade zu folgern sein, dass der

---

[150] *Gebel*, Fn. 13, § 20 Rz. 19, 24. Siehe auch *Winkler*, Fn. 23, S. 207.

[151] *Rüsken*, in: Klein, AO, 9. Auflage 2006, § 33 Rz. 3; *Buciek*, in: Beermann/Gosch, AO/FGO, § 33 AO Rz. 14.

[152] ZEV 1999, S. 249 (253); *ders.*, Fn. 11, § 20 Rz. 43.

[153] Vgl. aber *Jülicher*, Fn. 46, S. 106; *ders.*, Fn. 98, S. 203.

[154] Vgl. allerdings BT-Drucks. 14/443 vom 3.3.1999, S. 41; FinMin. NRW, Erlass vom 6.4.1999, S 3730 – 32 – V A 2, DStR 1999, S. 718 (719); FinMin. BW, Erlass vom 22.4.1999 – 34 – S 3780/8, DB 1999, S. 937 (938) sowie *Jochum*, Fn. 18, § 20 Rz. 12.

[155] Zur Relativität der Steuerrechtsfähigkeit vgl. etwa *Rüsken*, Fn. 151, § 33 Rz. 3; *Drüen*, in: Tipke/ Kruse, AO/FGO, § 33 Rz. 35 m.w.N. Speziell zu *trusts* vgl. *Jochum*, Fn. 18, § 20 Rz. 62.

trust[156] eben nur in den dort ausdrücklich genannten Fällen als Erwerber und Steuerschuldner in Anspruch genommen werden kann, nicht aber auch hinsichtlich der durch den Erwerb von Zwischenberechtigten gem. § 7 Abs. 1 Nr. 9 S. 2 Alt. 2 ErbStG ausgelösten Schenkungsteuer[157].

4.3.3   „Erwerb bei Auflösung"[158]

Neben Bildung und Ausstattung sowie dem Erwerb durch Zwischenberechtigte ist gem. § 7 Abs. 1 Nr. 9 S. 2 Alt. 1 ErbStG schliesslich auch noch der Erwerb bei Auflösung[159] einer die Bindung von Vermögen bezweckenden Vermögensmasse ausländischen Rechts steuerpflichtig. Bestand der durch den Einsatz von trusts erlangbare Steuervorteil vor dem 5.3.1999 lediglich darin, den Eintritt der Steuerpflicht zeitlich nach hinten hinauszuzögern (s.o.), so hat sich der Gesetzgeber mit Normierung der Neuregelungen gleichwohl nicht darauf beschränkt, den Besteuerungszeitpunkt rein zeitlich vorzuverlegen, sondern ist mit der systematischen (wirtschaftlichen Doppel-)Besteuerung sowohl der Einbringung (Bildung/Ausstattung) als auch der Ausschüttung (Erwerb bei Auflösung bzw. durch Zwischenberechtigte, vgl.o.) von Vermögen in bzw. aus dem trust über dieses Ziel[160] hinausgeschossen[161].

---

[156] Zu der von der Steuerschuldnerschaft des *trust* abhängigen Haftungsschuldnerschaft des *trustee* vgl. o.

[157] Vgl. ebenfalls *Klein*, IStR 1999, S. 377 (378).

[158] Zum Zeitpunkt der Steuerentstehung, zur Steuerklasse sowie zum Steuerschuldner vgl. die obigen Ausführungen zum Zwischenerwerb.

[159] Zur (Ablehnung einer Parallele zur) Änderung der Satzung einer Stiftung als deren Auflösung siehe *Jülicher*, Fn. 46, S. 109; *ders.*, in: Troll/Gebel/Jülicher, ErbStG, § 2 Rz. 128c. Spiegelbildlich zur „Bildung" dürfte sich auch die „Auflösung" der eine Vermögensbindung bezweckenden Vermögensmasse ausländischen Rechts nicht nach deutschem, sondern nach dem auf die Vermögensmasse anwendbaren ausländischen (Zivil-)Recht richten (vgl.o.).

[160] Nach *Halaczinsky*, Fn. 29, S. 905 sei die Einführung der Neuregelungen aus Gründen der Gleichmässigkeit der Besteuerung geboten gewesen.

[161] Vgl. ebenfalls *Flick*, Fn. 25, S. 547; *Schindhelm/Stein*, Fn. 19, S. 885.

Abermals trotz Fehlens einer entsprechenden ausdrücklichen gesetzlichen Regelung dürfte die Ausschüttung von trust-Substanz an den settlor insoweit nicht der Steuerpflicht nach § 7 Abs. 1 Nr. 9 S. 2 Alt. 1 ErbStG unterliegen[162], als dass der betreffende Erwerb deshalb stattfindet, weil es sich beim settlor zugleich um den beneficiary with interest in remainder eines fixed grantor trust handelt oder der Vermögensrückfall auf den settlor aufgrund eines von diesem bereits bei der trust-Gründung vorbehaltenen Widerrufsrechts (revocable trust) erfolgt. Denn in diesen Fällen fehlt es bereits an einer auf Vermögensbindung gerichteten Vermögensmasse, von der es etwas in erbschaft-/schenkungsteuerlich relevanter Weise zu erlangen gäbe (vgl.o.) bzw. entfaltet bei revocable trusts jedenfalls § 29 Abs. 1 Nr. 1 ErbStG „indizielle Wirkung" auch hinsichtlich der Besteuerungsfolgen bzgl. des aufgrund der Ausübung eines von Anfang an vorbehaltenen Widerrufsrechts Zurückerworbenen[163]; § 15 Abs. 2 S. 2 ErbStG dürfte insoweit dagegen wohl abermals nicht fruchtbar gemacht werden können (vgl.o.)[164].

4.3.4 Ersatzerbschaftsteuer

Da erbschaftsteuerlich nur die nach § 80 BGB rechtsfähige Stiftung als (Familien-)Stiftung i. S. v. § 1 Abs. 1 Nr. 4 ErbStG behandelt wird[165], der trust zivilrechtlich aber gerade über keine eigene Rechtspersönlichkeit verfügt[166] und auch durch §§ 3 Abs. 2 Nr. 1 S. 2, 7 Abs. 1 Nr. 8 S. 2, Nr. 9 S. 2 ErbStG nicht mit einer solchen Stiftung bzw. einem (rechtsfähigen[167]

---

[162] A.A.: die in Fn. 140 Genannten.

[163] Vgl. *Flick/Piltz,* Fn. 88, Rz. 1931; *Jülicher,* Fn. 46, S. 109; *ders.,* Fn. 98, S. 203; *Winkler,* Fn. 23, S. 234 f.; *Schindhelm/Stein,* Fn. 19, S. 885.

[164] A.A.: *Hergeth,* Fn. 42, S. 276 f.

[165] *Meincke,* Fn. 5, § 1 Rz. 16; *Weinmann,* in: Moench/Kien-Hümbert/Weinmann, ErbStG, § 1 Rz. 7 f.; *Jülicher,* Fn. 22, § 1 Rz. 11.

[166] *Underhill/Hayton,* Fn. 71, S. 39.

[167] *Seibold,* IStR 1994, S. 16 (17); *Schindhelm/Stein,* Fn. 7, S. 44.

Familien-)Verein gleichgestellt wird[168], unterliegen trusts wie bisher nicht der Ersatzerbschaftsteuer nach § 1 Abs. 1 Nr. 4 ErbStG[169]. Zudem dürfte es aufgrund der trust-Feindlichkeit des deutschen Zivilrechts (s.o.) regelmässig auch am erforderlichen Inlandsbezug i.S.v. § 2 Abs. 1 Nr. 2 ErbStG fehlen.

4.4   Schluss

Mit Einführung der §§ 3 Abs. 2 Nr. 1 S. 2, 7 Abs. 1 Nr. 8 S. 2, Nr. 9 S. 2 ErbStG verfolgt der Gesetzgeber das Ziel, trusts ihre vormalige Attraktivität als Instrument der Nachfolgeplanung zu nehmen. Dürfte ihm dies gemessen an den in weiten Teilen des Schrifttums anzutreffenden Reaktionen auf diese Neuregelungen auch tatsächlich gelungen sein, so haben die hier angestellten Überlegungen dagegen gezeigt, dass eine derart pauschalierende Sichtweise „dem" trust in seiner Komplexität nicht gerecht wird. Doch selbst wenn sich herausstellen sollte, dass in praxi ausnahmslos alle dessen Erscheinungsformen unter den Begriff „Vermögensmasse ausländischen Rechts, deren Zweck auf die Bindung von Vermögen gerichtet ist" subsumiert werden, so scheint die Musik für die Gestaltungspraxis im Bereich der persönlichen Steuerpflicht noch immer zu spielen. Wegen der Feindlichkeit des deutschen Zivilrechts gegenüber (common law) trusts werden nicht nur testamentary trusts allein mit vom ausländischen Recht i.S.v. Art. 3 Abs. 3 EGBGB beherrschten Gegenständen ausgestattet werden, sondern ebenfalls inter vivos trusts kaum aus Inlandsvermögen (§ 2 Abs. 1 Nr. 3 ErbStG, § 121 BewG ggfls. i.V.m. § 4 AStG) bestehen. Kann aus demselben Grund auch eine unbeschränkte Steuerpflicht vom trust regelmässig nicht abgeleitet werden, so bestehen darüber hinaus selbst in den Fällen, in denen der settlor nicht gewillt ist,

---

[168] *Halaczinsky,* Fn. 29, S. 906; *Jülicher,* Fn. 46, S. 109 (zum Zwischenentwurf); vgl. auch *Füger/von Oertzen,* Fn. 23, S. 14 (zum Zwischenentwurf); *Söffing/Kirsten,* Fn. 23, S. 1628 f.

[169] Allgemeine Auffassung. Irreführend daher die Überschrift bei *Schaub,* in: Wilms, ErbStG, § 9 Rz. 26.

seine Inländereigenschaft im massgeblichen Zeitpunkt abzulegen, mitunter beachtliche Hürden hinsichtlich der faktischen Durchsetzung des deutschen Erbschaft-/Schenkungsteueranspruchs[170].

---

[170] Siehe ferner *Wienbracke*, Fn. 26, S. 56 f.

Literaturverzeichnis (Auswahl)

Bremer, S.: Die Erhaltung von Familienvermögen über Anstalten, Stiftungen und Trusts im Fürstentum Liechtenstein, in: Grotherr (Hrsg.), Handbuch der internationalen Steuerplanung, 2. Auflage 2003 (mittlerweile in 3. Auflage erschienen), S. 1577

Czermak, P.: Der express trust im internationalen Privatrecht, 1986

Fischer-Dieskau, C.: Die kollisionsrechtliche Behandlung von living und testamentary trusts, Diss. Bonn 1967

Flick, H./Piltz, D.J.: Der internationale Erbfall, 1999 (mittlerweile in 2. Auflage erschienen)

Fuhrmann, L.: Modelle lebzeitiger Unternehmensübertragung, 1990

Gretton, G. L.: Trusts without equity, (2000) 49 ICQL 599

Jülicher, M.: in: Troll/Gebel/Jülicher (Hrsg.), ErbStG, § 2 Rn. 116 ff.

Kötz, H.: Trust und Treuhand, 1963

Schindhelm, M./Stein, K.: Der trust im deutschen Erbschaft- und Schenkungsteuerrecht nach dem Steuerentlastungsgesetz 1999/2000/2002, FR 1999, S. 880

Sieker, K.: Der US-Trust, 1991

Underhill, A./Hayton, D.: Law Relating to Trusts and Trustees, 16. Auflage 2003 (mittlerweile in 18. Auflage unter dem Titel „Law of Trusts and Trustees" erschienen)

Verstl, J.: Der internationale Trust als Instrument der Vermögensnachfolge, 2000

Wienbracke, M.: English and Scots trusts under the German Inheritance and Gift Tax Act (ErbStG), 2005

Winkler, H.: Die steuerliche Subjektqualifikation des Private Express Trust, 2001

Wittuhn, G.: Das internationale Privatrecht des trust, 1987

Zwirlein, A.: Der trust – ein sinnvolles Instrument der Nachfolgeplanung aus deutscher Sicht?, in: Haarmann, Hemmelrath & Partner (Hrsg.), Gestaltung und Analyse in der Rechts-, Wirtschafts- und Steuerberatung von Unternehmen, 1998, S. 75

Stichwortverzeichnis